Kathmandu

lieben lernen

Der perfekte Reiseführer für einen unvergesslichen Aufenthalt in Kathmandu inkl. Insider-Tipps, Tipps zum Geldsparen und Packliste

Julia Weismantel

✈ INHALT

Das erwartet Sie in diesem Buch

Kathmandu: Trinken Sie zum Frühstück Chai-Tee auf einem Hausdach, während in der Ferne schneebedeckte Berge in der Sonne glitzern. Entdecken Sie vormittags beim Schlendern durch die Stadt bemerkenswerte religiöse Schreine. Stärken Sie sich durch einen vollen Teller Dhal Bhat zum Mittagessen. Danach gönnen Sie sich eine Massage oder begutachten aufwendigen Silberschmuck und religiöse Gemälde neben anderen handgemachten Souvenirs. Gehen Sie abends mit Ihrem neuen Kaschmirschal aus dem Haus, um die abendliche Aarati-Zeremonie im Pashupatinath-Tempel zu erleben. Oder lassen Sie den Abend mit einem Glas Raksi bei Live-Musik in der Bar Thamels gemütlich ausklingen. So könnte ein Urlaubstag in Kathmandu aussehen!

Es gibt hier schicke Restaurants, Schönheitsfarmen und außergewöhnliche Souvenirs, Zeichen der modernen, globalisierten Erde. Diese treffen auf eine Welt kleiner Lokale, in denen sich Einheimische, bei einem Teller Momo, unterhalten. Lachende Schulkinder laufen auf holprigen Straßen an Ihnen vorbei, während singende Spirituelle in uralten Tempeln eine Gottheit ehren, um Erleuchtung zu erlangen.

Das Kathmandu-Tal ist reich an Kultur, etliche Monumente wurden von der UNESCO als Weltkulturerbe deklariert. Die Traditionen der Bewohner sind vielfältig, denn hier kommen einige der unzähligen Volksgruppen Nepals und Menschen aus den Nachbarländern zusammen. Nutzen Sie Ihre Reise, um sich von unbekannten Stilen beeindrucken zu lassen, mit fremden Religionen in Berührung zu kommen und Einwohnern mit ihren unbekannten

Kulturen zu begegnen.

In diesem Buch erfahren Sie wichtige Informationen zu Land und Leuten sowie organisatorische Tipps. Ich werde Ihnen neben reichlich besuchten Attraktionen auch unbekannte Orte vorstellen. An manchen Stellen werden wichtige Hintergrundinformationen erläutert und Einblicke in die Geschichte des Landes gegeben. Zwischendurch bekommen Sie außerdem praktische Vorschläge zum Geldsparen. Ziel ist, dass Sie am Ende des Buches gut vorbereitet sind und sich auf Ihre Reise freuen!

Namaste, Namaskar!

Namaste, oder förmlicher Namaskar, lautet die Begrüßung der Einheimischen. Sie bedeutet so viel wie: Das Göttliche in mir grüßt das Göttliche in dir. Dabei werden die Handflächen gegeneinander gelegt vor der Brust gehalten. Diese Geste drückt etwas aus, das in Nepal allgegenwärtig ist: Spiritualität und Religion. In Kathmandu, der Hauptstadt des Landes, können Sie fast überall religiöse Statuen, Schreine und Tempel entdecken. Manch Einheimischer trägt einen roten Punkt, ein

Tilaka, auf der Stirn, das für Hindus Glaube und Hingabe symbolisiert. Verheiratete Frauen tragen es als Zeichen für eine lange Ehe und mit der Hoffnung auf Gesundheit ihres Mannes[1].

Bekannt ist das kleine Land nördlich von Indien und südlich von China hauptsächlich, da es Heimat von acht der zehn höchsten Berge der Welt ist. Darunter im Nord-Osten der Höchste, der Mount Everest, dessen nepalesischer Name Sagarmatha ist. An wolkenlosen Tagen lassen sich von den Hausdächern Kathmandus einige Berge, darunter die Ganesh Himal- und Langtang Himal-Berggruppen, sowie der über 8000 Meter hohe Manaslu Berg blicken.

Nepal ist außerdem das Geburtsland von Siddhartha Gautama, dem Buddha. Er war einst König, später Erleuchteter. Für ihn steht in Lumbini eine Gedenkstätte. Neben fantastischen Bergwanderungen kann man im Süden des Landes im Chitwan-Nationalpark wilde Tiere beobachten. Doch mittig im Land liegt das Kathmandu-Tal. Es war einst ein See, später teilte es sich in drei Königreiche: Kathmandu, Patan, auch Lalitpur genannt, und Bhaktapur.

---

[1] Siehe https://omgnepal.com/tika-all-about-that-little-red-dot-that-we-wear/

Die Bewohner Nepals sind vielfältig, es gibt über 125 Volksgruppen[2]. Außerdem leben seit der Besetzung Tibets zahlreiche Geflüchtete mit ihren Nachkommen in Siedlungen in vielen Teilen des Landes. Die Newari sind Ureinwohner des Kathmandu-Tals. Ihre Kunst, Kultur und Küche sind nach wie vor gegenwärtig. Offiziell wurde das Kasten-System in Nepal Anfang der 1960-er Jahre abgeschafft, dennoch spielt es weiterhin im täglichen Leben eine Rolle. Der Nachname einer Person gibt meist Auskunft über die Kaste. Sie wiederum wird mit einer Berufsgruppe und dem gesellschaftlichen Rang assoziiert. Vereinfacht gesagt hat dies Vor- und Nachteile: Einerseits führt es zu Diskriminierung zwischen Kasten sowie Einschränkungen der möglichen Bildung, Karriere und persönlichen Beziehungen einer Person. Andererseits gibt es Menschen soziale Sicherheit in ihrer Gruppe und ein Gefühl von Zugehörigkeit. Die jüngeren Generationen Nepals sind stärker vom Westen geprägt und halten generell weniger

---

[2] Siehe https://www.indigenousvoice.com/en/indigenous-peoples/national.html

am Kastensystem fest[3].

Vielfältigkeit in Volksgruppen bedeutet auch Vielfältigkeit in der Mode. Auf den Straßen Kathmandus können Sie vorwiegend Frauen in traditioneller Kleidung sehen. Am häufigsten getragen werden Kurta-Suruwal-Sets. Dies ist eine lange Tunika mit passender Hose und einem voluminösen Schal. Stoffe sind mit farbigen Mustern oder aufwendigen Perlenbordüren verziert. Das sieht man ebenfalls auf Saris. Ein Sari ist im Grunde ein sehr langes Stück Stoff, das auf verschiedene Arten als Kleid gewickelt wird und sehr schick aussieht.

Apropos Sari: Bräute tragen häufig rote Saris. Einer Hochzeitsgesellschaft auf der Straße zu begegnen, gibt Ihnen die Möglichkeit, die schicken Kleider zu betrachten und der munteren Musik zu lauschen.

Besonders an Feiertagen tragen Völkergruppen in Städten ihre spezifischen Gewänder. Die Frauen des Gurung-Stammes beispielsweise tragen eine meist

---

[3]Siehe
https://www.thelongestwayhome.com/blog/nepal/nepalese-caste-system-culture-in-nepal-today/

rote Schärpe mit goldenen Stickereien über einem bodenlangen Rock und einer Bluse. Dazu kombinieren sie spezifische Ketten, manchmal ein goldenes Schmuckteil für den Kopf. Frauen tibetischer Abstammung, von denen Sie viele im Boudha-Viertel sehen werden, tragen ein bunt gewebtes Tuch um die Hüfte. Es zeigt an, dass sie verheiratet sind. Heutzutage sind westliche Kleidung, also moderne Hosen, T-Shirts und ähnliches, gerade bei jungen Menschen üblich.

Männer tragen in der Stadt meist westliche Kleidung. Traditionell haben sie, ähnlich der Frauen, ein sogenanntes Daura-Suruwal-Set. Es besteht aus einem Hemd ohne Knöpfen, einer Hose und manchmal einer Weste. Dazu tragen viele Männer einen kleinen Hut namens Dhaka Topi. Er ist Teil der Landestracht und ein Nationalsymbol. Das Dhaka-Muster gibt es in etlichen Variationen, die Sie bei Straßenverkäufern bewundern können.

> Übrigens: Cappala – Sandalen, die an der Ferse offen sind – werden in Nepal an kalten Tagen mit Socken getragen. Hier können sich deutsche Touristen mit Socken in Sandalen gleich wohlfühlen.

Menschen in religiösen Gewändern sind keine Seltenheit: Tibetisch-buddhistische Nonnen bzw. Mönche tragen dunkelrote, bodenlange Röcke und ein großes Tuch über einer Bluse am Oberkörper. Hindu-Sadhus tragen traditionell orangefarbene Kleider. Dazu sollte gesagt sein, dass nicht jeder, der diese Kleidung trägt, ein Mönch oder Spiritueller ist. Manche nutzen die Gewänder, um als ein solcher angesehen zu werden.

Die Religionen Hinduismus und Buddhismus dominieren in Nepal und prägen seit jeher alle Bereiche des täglichen Lebens. Außerdem gibt es Schamanen mit uralten Abstammungslinien, deren Glauben viele Übereinstimmungen mit dem Hinduismus hat. Kleinere Anteile der Bevölkerung sind Christen, Muslime und Anhänger sonstiger Religionen.

Zu den wichtigsten Festen des Landes zählen Holi – das Fest der Farben, welches den Frühling einlädt; Tihar bzw. Deepawali – ein mehrtägiges Fest im Herbst, an dem Lakshmi, die Göttin des Reichtums, durch Lichter eingeladen wird; Losar – das Neujahr mancher Volksgruppen im Januar; Maha Shivaratri – die Nacht des Gottes Shiva; sowie das Nepali-Neujahr im April.

Gut zu wissen: Hinduismus ist eine uralte Religion (belegbar seit etwa 10.000 v. Chr.). Es gibt diverse Sekten und Ausprägungen dieses Glaubens sowie unzählige Gottheiten. Doch Brahma ist die ewige, absolute und höchste Energie, die in allem auffindbar ist und das Universum kreierte.

Wissenswertes für Ihre Reise

Bevor ich Ihnen das Kathmandu-Tal genauer vorstelle, ist es mir wichtig, Ihnen ein paar organisatorische Tipps und wichtige allgemeine Informationen zu geben.

SPRACHE UND SITTEN

Die meisten Nepalesen in Kathmandu verstehen Nepali. Die Sprache wird im kunstvoll aussehenden Devanagari-Skript geschrieben. Das Wort Kathmandu sieht so aus: काठमाडौं.

Die deutsche Aussprache ähnelt in vielerlei Hinsicht der nepalesischen. Ein paar wichtige Wörter für den täglichen Gebrauch können Sie sich leicht merken. Hajur oder Ho bedeutet Ja, informell wird auch La gesagt. Nein heißt Hoina.

Gut zu wissen: Das europäische Kopfnicken von oben nach unten entspricht in Nepal (und Indien) einem Wackeln von Seite zu Seite des oberen Teils des Kopfes, dabei bewegt sich das Kinn nur ein bisschen mit.

Dhanyabad heißt Danke und Dinus oder Kripayaa bedeute Bitte – wenn Sie nach etwas fragen. Möchten Sie dem Koch im Restaurant ein Kompliment machen, so sagen Sie Mito chaa. Es beutet, dass es lecker schmeckt. An warmen Sommertagen kann es hilfreich sein, das Wort für Wasser zu wissen: Pani. Sehr verbreitet sind die Begriffe Didi, Dai, Bahini und Bhai. Sie bedeuten ältere Schwester, älterer Bruder, jüngere Schwester und jüngerer Bruder. Im Alltag werden damit nicht nur leibliche Geschwister, sondern Freunde und sogar Fremde angesprochen.

Wenn Sie beispielsweise eine Frau, die älter ist als sie, ansprechen wollen, so nennen Sie sie Didi. Im Übrigen sprechen fast alle Personen, die in der Touristenindustrie arbeiten, Englisch. Und erfahrungsgemäß sind in einheimischen Gegenden hilfsbereite Menschen in der Nähe, die für Sie übersetzen.

Die Haupttouristensaison ist von September bis November. Von Mai bis August herrscht Regenzeit, daher ist eine Reise in diesem Zeitraum weniger ratsam. Im Winter von Dezember bis Februar kann es kalt werden. Alle anderen Monate eignen sich gut für eine Reise. Für wärmere Monate (April bis Oktober) eignen sich leichte, aber bedeckende Kleider aus Naturmaterialien. In den kälteren Monaten (November bis März) ist es ratsam, zusätzlich warme Unterwäsche, Pullover oder Fließjacken und ggf. einen Mantel einzupacken. Nebenbei bemerkt sind die Häuser in Nepal generell schlecht isoliert, deshalb wird es nachts auch im Haus kalt. Eine Regenjacke oder einen Regenschirm sollten Sie zwischen März und Oktober auf jeden Fall dabeihaben. In den anderen Monaten wird Regenschutz selten gebraucht.

Bringen Sie Schuhe mit, in denen Sie gut laufen können, denn viele Sehenswürdigkeiten können nur zu Fuß betreten werden und erstrecken sich über große Flächen. Wenn man mehrere Tage hintereinander viel geht, ist es angenehm von Tag zu Tag die Schuhe zu wechseln.

Aus Respekt vor der örtlichen Kultur sollten gerade Frauen ihre Schultern und Knie bedecken. Es schützt sie nicht nur vor der Sonne, sondern auch davor, als sexuell verfügbar gesehen zu werden. Glauben Sie mir: Sie werden sich in lockeren, langen Kleidern wohler fühlen.

Wertvolle Gegenstände und schicke Kleidung lassen Sie am besten Zuhause. Diebstahl kommt zwar selten vor, aber gehen Sie dieses Risiko lieber nicht ein. Meiner Meinung nach werden Sie keine Verwendung für teure Dinge haben. Außer, es handelt sich um eine Kamera, denn Kathmandu bietet Gelegenheiten für fantastische Fotografien.

Wissen Sie, was eine nepalesische Toilette ist?
Die meisten Nepalesen hocken sich gerne von klein

auf hin. Dabei berühren nur die Füße den Boden, die Knie sind stark angewinkelt. Manch einer kann stundenlang so knien. Demnach sind nepalesische Toiletten im Wesentlichen ein Loch im Boden, das an den Seiten gerillte Flächen hat, die den Füßen Halt geben. Ich habe gehört, die hockende Position sei für den Dickdarm gesünder, nur sind wir Europäer sie nicht gewohnt. Statt Klopapier wird meist Wasser mit Hilfe der linken Hand benutzt. Deshalb gilt die linke Hand als unrein und soll nicht mit Essen in Berührung kommen – doch Touristen wird ein Fauxpas schnell verziehen. Glücklicherweise haben viele Unterkünfte und Restaurants Sitztoiletten und bieten Toilettenpapier an. Falls Sie in einem kleineren Lokal die Toilette aufsuchen, nehmen Sie sich am besten ein paar Papierservietten mit. Aber beachten Sie, dass die Abflussrohre in Nepal nicht für Klopapier gemacht sind. Dafür stehen Mülleimer bereit.

Wer ein günstiges Gasthaus bucht, sollte sicher gehen, dass es dort heißes Wasser zum Duschen gibt. Und wer im Internet surfen will, kann generell mit einer langsamen Verbindung rechnen, wobei sich in den letzten Jahren in diesem Bereich viel getan hat.

> Wichtig: Berühren Sie nicht die Köpfe anderer Menschen. Dies ist unhöflich, da der Kopf als heiligstes Körperteil gilt. Die Füße hingegen werden als unrein gesehen. Versuchen Sie deshalb, nicht über die Beine einer anderen Person zu steigen, Ihre Fußsohlen in Richtung einer Person zu halten und legen Sie Ihre Füße auf keinen Fall auf einem Stuhl oder Tisch ab.

Es ist in Nepal unüblich, in der Öffentlichkeit seinem/r Partner/in körperliche Zuneigung zu schenken. Wenn Personen des gleichen Geschlechts Hände halten, ist das ein Zeichen von Freundschaft, Schwester- oder Brüderlichkeit, kein Zeichen von romantischer Liebe.

GELD, VISUM UND TELEKOMMUNIKATION

Nepals Währung sind die nepalesischen Rupien, NPR abgekürzt. Ein Euro ist im Jahr 2020 ungefähr 125 Rupien wert. Je nach aktuellem Kurs sind es mal mehr und mal weniger. Als einfache Kopfrechnung können Sie sich merken, dass 100 Rupien ca. 80 Cent entsprechen. Der höchstwertige Schein zeigt 1000 Rupien. Auf allen Geldscheinen steht der Wert rechts unten in einer Schrift, die wir lesen können. Auf der Rückseite können Sie hübsche Bilder entdecken. Vor Ort lassen sich Euroscheine in Banken oder Wechselstuben umtauschen. An Geldautomaten, als ATM ausgeschildert, können Sie mit Kredit- oder Debitkarte Geld abheben. Die meisten Banken erlauben 20.000 Rupien für eine Gebühr von 500 Rupien, das entspricht circa 164 €. Denken Sie daran, dass Ihre Bank Ihnen eventuell Gebühren zur Abhebung im Nicht-EU-Ausland anrechnet. Außerhalb der Touristengegenden werden fast ausschließlich Rupien in bar akzeptiert.

Tipp: An Automaten der Himalayan Bank Limited (HBL) können Sie bis zu 40.000 Rupien für 499 Rupien Gebühren abheben. Dies entspricht ca. 320 € plus 4 € Gebühren.

Ihr tägliches Budget hängt stark davon ab, in welcher Preisklasse Sie übernachten und essen. Ein günstiges Doppelzimmer bekommen Sie im Touristenviertel Thamel für ca. 1000 Rupien (~8 €) oder weniger. Doch beachten Sie, dass es in manchen Unterkünften zu diesem Preis Gemeinschaftsbäder gibt. Viele gute Zimmer liegen in der Preiskategorie 2000 bis 4000 Rupien (~16 bis 32 €) pro Nacht. Für Luxushotels kann man in Kathmandu sogar bis zu 500 € pro Nacht ausgeben.

Wenn Sie vorhaben, in schickeren Gaststätten zu Essen, sollten Sie ca. 500 bis 1000 Rupien (~4 bis 8 €) pro Mahlzeit einplanen. Sie können allerdings auch deutlich günstiger in kleineren Lokalen ab 120 Rupien (~1,20 €) pro Person essen. Hinzu kommen Eintrittsgebühren, die zwischen 50 und 1500 Rupien (~0,40 und 12 €) schwanken, und Transportkosten für ein Taxi oder öffentliche Busfahrten. Eine Strecke innerhalb Kathmandus kostet in der Regel nicht mehr als 500 Rupien pro Taxi und unter 50 Rupien pro Person im Bus. Mit einem Budget von 50 bis 70 € pro Tag und Person kommen Sie gut aus.

Um das Land betreten zu dürfen, benötigen Sie ein Visum: Dieses kann entweder am Flughafen in Kathmandu gekauft oder im Voraus in einer Deutschen Botschaft beantragt werden. Die Variante am Flughafen dauert dank moderner Technik nicht lange. Allerdings sollten Sie unbedingt ausreichend

Bargeld mitnehmen (Euro wird akzeptiert). Das Touristenvisum gibt es in drei Längen: 15, 30 oder 90 Tage für jeweils 30, 50 bzw. 125 USD[4].

Ihre An- und Abreise wird wahrscheinlich über den Flughafen Tribhuvan International Airport (TIA) erfolgen. Mit dem Taxi nach Thamel zu gelangen, dauert circa 20 bis 30 Minuten und kostet 750 Rupien im Voraus – das bedeutet an einem Schalter am Ausgang gebucht. Oder außerhalb des Flughafengeländes nach Verhandlung 450 bis 550 Rupien. Es gibt die Möglichkeit, weiter weg vom Flughafen einen öffentlichen Bus zu suchen (eine Anleitung finden Sie unter diesem Link[5]). Wie die Busse in Nepal organisiert sind, erläutere ich Ihnen weiter unten.

Viele Unterkünfte und Restaurants bieten gratis Wi-Fi an. Die Geschwindigkeit ist allgemein deutlich langsamer als in Deutschland. Die üblichen Mobiltelefonanbieter sind NCELL, Nepal Telecom (NTC) oder Smart Telecom. Für ca. 100 Rupien bekommen Sie eine SIM-Karte mit 50 Rupien Prepaid-Guthaben.

---

[4]Siehe http://www.nepalimmigration.gov.np/page/tourist-visa

[5]Anleitung dazu https://www.nestadventure.com/blog/kathmandu-airport-to-thamel/

Aufladen lässt sich das Guthaben ganz einfach an Kiosken. Wer sich für NCELL entscheidet, sieht an vielen kleinen Geschäften ein Schild auf dem violett „NCELL" steht. Telefonieren und SMS verschicken ist sehr günstig: NCELL kostet ca. 2,54 Rupien pro Minute, sowie 1,62 Rupien pro SMS innerhalb Nepals.

Für medizinische Notfälle können Sie einen Krankenwagen des Roten Kreuzes unter 4228094 rufen, die Polizei erreichen Sie unter 4228435 und die Feuerwehr unter 101[6]. Die deutsche Botschaft hat folgende Rufnummer für Notfälle: 9851137943. Für Anrufe von einer deutschen SIM-Karte geben Sie bitte die Vorwahl Nepals +977 ein.

DIE ZEIT TICKT ANDERS

Das Jahr 2020 im gregorianischen Kalender ist im nepalesischen Kalender Bikram Sambat zuerst das Jahr 2076, dann 2077. Am 13. April, dem 1. Baisakh findet das Neujahrsfest, genannt Losar, statt. Dieser Sonnenkalender wurde von einem indischen Kaiser im Jahr 56 v. Chr. eingeführt. In der

---

[6]Siehe https://www.nepalpolice.gov.np/index.php/safety-security-tips/emergency-numbers

Touristenindustrie wird jedoch meistens der gregorianische Kalender verwendet. Der sonntägliche Ruhetag der christlichen Länder findet in Nepal samstags statt. Viele Behörden und Geschäfte haben sowohl samstags als auch freitags kürzere Öffnungszeiten und Kinder kommen früher von der Schule nach Hause. Sonntags ist demnach der Anfang der Woche.

Zum Thema Zeit möchte ich Ihnen eine kurze Geschichte erzählen:

Als ich das erste Mal Nepal besuchte, ging ich mit einem Bekannten zu einem Geschäft, um seiner Arbeitskollegin Material für ein Projekt zu übergeben. Es war zwar eine Uhrzeit zum Treffen ausgemacht, aber die Kollegin ließ auf sich warten. Der Bekannte fragte im Laden nach der Bestellung, die eigentlich schon fertig verpackt sein sollte. Dennoch fingen die Mitarbeiter erst jetzt an, die Gegenstände zu holen. Eine halbe Stunde wurde zu anderthalb Stunden, bis die Pakete und die Kollegin endlich da waren. Manch einer würde dies vielleicht als unhöflich oder schlechten Kundenservice sehen, nicht aber in Nepal. Zeit wird hier anders wahrgenommen. Die klare Zeitstruktur, die wir aus Deutschland kennen, ist hier flexibler. Dinge sind anders organisiert und trotzdem funktioniert alles. Es ist eine andere Struktur, die wir Menschen aus dem „Westen" eher nicht gewohnt sind.

Dies gilt auch für öffentliche Verkehrsmittel. In Nepal gibt es keine Züge und Bahnen, sondern nur verschiedene Arten von Bussen. Ein Linienplan gibt an, welche Buslinien existieren, aber einen festen Zeitplan gibt es nicht. Außerdem sind Bushaltestellen nicht ausgeschildert, sondern man sieht entweder, wo die Busse halten, wo die Menschen warten oder fragt jemanden danach. Auf den Bussen steht nicht, wohin sie fahren, sondern eine Art Schaffner ruft die größeren Stationen aus und nimmt das Fahrgeld an. Wenn Sie beispielsweise von Thamel aus mit dem Bus nach Boudha fahren wollen, schauen Sie im Internet auf einem Linienplan, welche Buslinie zwischen den Orten fährt oder fragen Sie in Ihrer Unterkunft nach. In diesem Beispiel ist die nächste Station von Thamel Ratna Park. Dort werden Sie viele Busse, Minivans sowie Mikrobusse anhalten sehen. Letztere sind weiß mit einem grünen Streifen an der Seite, haben nur drei Räder und sind hinten offen. Hören Sie genau hin und fragen Sie gegebenenfalls einen Einheimischen oder den Schaffner selbst, ob es der richtige Bus ist. Die Stationen werden sehr schnell und melodisch ausgerufen, sodass man als Ausländer wissen muss, was man zu hören sucht. Haben Sie einmal den richtigen Bus gefunden, können Sie sich, mit etwas Glück, auf einen leeren Platz setzen. Die Fahrt von Ratna Park nach Boudha dauert etwa 35 Minuten und kostet 20 Rupien (~ 0,16 €) pro Person. Sie können entweder während der Fahrt bezahlen oder erst beim Aussteigen. Bitte halten Sie dafür Kleingeld bereit, der Schaffner wird Ihnen keinen 1000 Rupien Schein wechseln können. Oft rufen die Schaffner an den Stationen in den Bus, um festzustellen, ob jemand aussteigen will. Wenn der Fahrer weiß, wohin Sie möchten, wird er vielleicht auch nach dem Touristen fragen. Dies macht es Ihnen leichter, Ihre Endstation zu finden. Ansonsten kann es hilfreich sein, auf der Karten-App Ihres Smartphones Ihren Standort nachzuverfolgen, um Ihr Ziel zu finden.

So eine Fahrt ist eine gute Möglichkeit, die Stadt durch das Fenster zu betrachten. Sollte es doch einmal etwas voller werden, haben Sie keine Angst vor Körperkontakt, denn die Schaffner versuchen, möglichst viele Menschen in den Bus zu quetschen. In großen Bussen ist das meist auszuhalten, unangenehm wird es in Minivans oder Mikrobussen. Diese sind für längere Fahrten nicht zu empfehlen. Selbst wenn man denkt „jetzt passt wirklich niemand mehr rein", suchen die Schaffner weiter nach Mitreisenden. Wer lieber mehr Platz haben und schneller am Ziel sein will, ist mit einem Taxi besser bedient. Gerade in Touristengegenden stehen erfahrungsgemäß Taxis bereit. Oft fragen die Fahrer vorbeigehende Leute, ob sie ein Taxi brauchen. Des Weiteren gibt es die Möglichkeit, an der Rezeption Ihrer Unterkunft nach einem Taxi zu fragen, das Personal ist überwiegend sehr hilfsbereit oder Sie rufen sich selbst eines per Telefon. Ein Taxi kostet etwa 300 Rupien für diese Strecke. Verhandeln Sie den Fahrtpreis immer im Voraus. Außerdem ist es hilfreich, vor der Verhandlung zu wissen, wieviel es in etwa kosten sollte. Das können Sie in Ihrer Unterkunft oder im Internet herauszufinden. Natürlich ist es möglich, ein Auto mit Fahrer für einen ganzen Tag zu mieten, dies ist jedoch teurer, als einzelne Fahrten zu buchen.

> Vorsicht: In Nepal herrscht Linksverkehr, darüber hinaus sind kleinere Straßen meist holprig. Bitte beachten Sie das, wenn Sie zu Fuß unterwegs sind!

Motorradfahrer tragen überwiegend Atemmasken, um den Staub von ihren Lungen fernzuhalten. Falls Sie sich eine Atemmaske zulegen wollen, können Sie dies vor Ort günstig tun.

Damit sollten die wichtigsten organisatorischen Informationen gegeben sein. Im Folgenden erfahren Sie zuerst etwas über Kulinarisches, dann zeige ich Ihnen kleine und große Attraktionen. Los geht es im Zentrum Thamel, von dort aus erläutere ich den nahegelegenen Durbar-Platz, weiter geht es im Westen mit Swayambhunath, im Norden durch Budhanilkantha, im Osten durch das Viertel Boudha, südlich davon Pashupatinath. Anschließend widmen wir uns den Königsstätten Patan, fernen Bhaktapur und zum Schluss werfen wir einen Blick über den Tourismus sowie über das Kathmandu-Tal hinaus.

Dhal Bhat power 24 hour

Höchstwahrscheinlich ist Dhal Bhat die am meisten gegessene Speise Nepals. Einheimische verzehren sie täglich – oft mehrmals. Rezepte unterscheiden sich stark nach Koch und Auswahl der Komponenten. Die Grundlage ist jedoch immer gleich: Bhat – eine große Portion Reis oder ein Getreidebrei (z. B. aus Hirse) mit Dhal – einer Linsensuppe. Dazu kommt in der Regel ein oder mehrere Gemüsecurry, Tarkari genannt, eventuell ein Fleisch- oder Fischgericht. Oftmals gibt es entweder ein dünnes Fladenbrot namens Roti oder einen großen, dünnen Kräcker, dieser heißt Papad oder Papadam. Ergänzt wird alles in manchen Lokalen mit Dahi – einem säuerlichen Joghurt, etwas Scharfem, wie Pickle oder Achar, und rohen Gemüsescheiben. In Restaurants wird Dhal Bhat auch Nepali Thali oder Khana Set genannt und auf einem schönen, großen Metallteller serviert. Das Dhal kann in einer kleinen Schüssel serviert werden. Sie dürfen es zum Verzehr über den Reis schütten. Einheimische essen diese Mahlzeit gerne, da sie gut sättigt und ausreichende Kraft schenkt. Daher kommt der Spruch „Dhal Bhat power 24 hour". Er wird sogar auf T-Shirts gedruckt. Nepalesen essen üblicherweise mit der rechten Hand, was Sie gerne ausprobieren können. Ein Teller Dhal Bhat kostet zwischen 180 und 700 Rupien (~1,45 bis 5,60 €). Es ist üblich, dass Sie zum gleichen Preis solange mehr zu essen bekommen, bis Sie satt sind. Fragen Sie einfach danach. Übrigens ist ein Khaja Set dem Dhal Bhat ähnlich. Es ist kleiner und anstelle von gekochtem Reis gibt es Chiura – Reisflocken.

Neben Dhal Bhat, das von allen Völkergruppen Nepals gekocht wird, finden sich in Kathmandu

Restaurants aus verschiedenen Regionen des Landes. Diese unterscheiden sich, da in Berggebieten andere Lebensmittel angebaut werden als beispielsweise im Terai. In Kathmandu finden Sie sowohl Newari-Küche (Ureinwohner Kathmandus), als auch Thakali- (Volksgruppe aus Mustang), Tamang- und Sherpa-Gerichte.

Achtung: Auf manchen Speisekarten sind Steuern nicht in den Preisen enthalten, sondern werden am Ende der Rechnung hinzugefügt.

EINFLÜSSE AUS NACHBARLÄNDERN

Einige der Gerichte, die Sie unbedingt probieren sollten, haben Einflüsse der Nachbarländer Indien und China, inklusive Tibet. Eines meiner Lieblingssnacks sind Momo. Sie sind Nepals Version einer schwäbischen Maultasche. Viele Länder der Welt servieren gefüllte Teigtaschen, Nepals Momo sind klein, rund oder tropfenförmig und werden dampfgegart oder angebraten. Gefüllt werden sie mit Gemüse, Hühnchen oder Wasserbüffelfleisch, welches als Buff abgekürzt wird. Dazu gibt es eine orangefarbene, leicht scharfe Chili-Soße. Einen Teller mit 8 bis 10 Stück bekommen Sie je nach Füllung für 70 bis 250 Rupien (zwischen 0,68 und 3,00 €).

Für kalte Tage kann ich Ihnen eine Thukpa- oder Thentuk-Nudelsuppe empfehlen, beide haben ihren Ursprung, wie Momo, in der tibetischen Küche. Jedes Restaurant bereitet seine Suppen etwas anders zu. Es lohnt sich, genau wie bei einem Teller Dhal Bhat, verschiedene Versionen zu kosten. Die Weizennudeln in einer Thukpa-Suppe sind lang und dünn, in einer Thentuk-Suppe sind sie flach und rechteckig, fast quadratisch. Manche Restaurants servieren die Nudeln ohne Suppe als „trockenes" Pfannengericht. Aus den langen Thentuk-Nudeln wird auch Chow mein hergestellt – ein Teller frittierter Nudeln, der sicherlich chinesischen Einfluss hat. In Lokalen gibt es all diese Gerichte in der Regel vegetarisch, mit Hühnchen oder Büffelfleisch.

SÜSSES UND KLEINES

Wer schon einmal in Nordindien war, wird viele Speisen wiedererkennen. Neben Samosa, einer frittierten Kartoffeltasche, und anderen salzigen Kleinigkeiten, können Sie verschiedene Sorten Barfi, Laddu, Haluwa, Kheer, Peda und Zuckersirup-Süßigkeiten wie Jalebi probieren. Süßigkeiten-Läden sind prachtvoll anzuschauen: Reihen von kleinen Köstlichkeiten sind säuberlich auf Tellern gestapelt. Traditionell werden sie an Festen, samt Hochzeiten, serviert. Wie wäre es mit ein paar hübschen Leckereien in Kombination mit einem heißen Chai-Tee – was kann man sich mehr wünschen?

Oder ist Ihnen eher nach etwas Salzigem? Als kleine Stärkung zwischendurch finden Sie bei Straßenhändlern beispielsweise geröstete Nüsse und Hülsenfrüchte, Popcorn, gegrillten Mais, sowie Panipuri und Chiura, auch Baji genannt. Was die letzten beiden Speisen sind, erfahren Sie im Kapitel Boudha.

WASH IT, PEEL IT, COOK IT OR FORGET IT!

Wasche es, schäle es, koche es oder vergiss es! Wer schon einmal in Asien war, kennt diesen Satz wahrscheinlich. Damit möchte ich Sie daran erinnern, beim Verzehr von Speisen vorsichtig zu sein. Waschen Sie gekauftes Obst unbedingt zuerst und kaufen Sie keine Gerichte, die unbedeckt an der Luft oder ungekühlt über längere Zeit herumstanden.

Unterwegs sind Bananen oder Mandarinen ein idealer Snack, denn sie kommen in ihrer eigenen Verpackung. Außerdem schmecken sie köstlich, da sie in Nepal natürlich wachsen.

GETRÄNKE

Chai, Chia- oder Milk-Tea ist ein allgegenwärtiger, gesüßter Schwarztee mit Milch und Gewürzen. Er schmeckt zu jeder Tageszeit, sogar nachts. Er wird in Restaurants sowie auf der Straße aus Thermoskannen verkauft. Bei Müdigkeit macht er Sie wieder wach. Ein anderer Milch-Tee ist der tibetische Tee, er schmeckt salzig und schenkt einem an kalten Tagen Wärme. Wer nach etwas Fruchtigem sucht, bestellt am besten einen Lemon-Ginger-Honey. An heißen Tagen kühlt Sie ein frischgepresster Zuckerrohrsaft oder frisches Kokosnusswasser aus einer jungen, grünen Kokosnuss. Zu den traditionellen alkoholischen Getränken gehört Raksi. Diese durchsichtige und hochprozentige Flüssigkeit wird aus Hirse- oder Reisdestillation gewonnen. Bewohner auf dem Land brauen Raksi meist selbst Zuhause. Ebenfalls aus Hirse hergestellt wird Tongba, ein Getränk der Limbu-Volksgruppe aus dem Osten Nepals. Trotzdem wird es in Kathmandu Tibetan Hot Beer genannt. In vielen Restaurants wird gratis Trinkwasser in Plastikkrügen angeboten. Fast immer handelt es sich hierbei um sauberes Trinkwasser. Einheimische schütten sich das Wasser in den Mund, ohne den Krug mit dem Mund zu berühren. Das braucht Übung, sage ich Ihnen. Falls Sie es ausprobieren, werden Sie sich wahrscheinlich das T-Shirt nass machen. So geht es zumindest mir, weshalb ich lieber nach einem Glas frage.

Ein Tipp für den kleinen Geldbeutel: In touristischen Gegenden sind Restaurants meist teurer. Günstiger wird es, wenn Sie nach einem Restaurant suchen, in dem mehr Einheimische sitzen.

Thamel

WAS GIBT ES HIER?

Das Touristenviertel Thamel liegt zentral in Kathmandu. Es bietet Ihnen Unterkünfte in diversen Preisklassen, nepalesische Restaurants und Küche aus aller Welt. Es ist ein guter Ort, um einzukaufen und abends auszugehen.

Übrigens: In Thamel finden Sie abends gute live Musik – Kathmandu hat eine lebendige Jazzszene mit einem jährlichen Festival namens Jazzmandu!

Direkt außerhalb der Hotels und Geschäfte befindet sich der Garden of Dreams, ein sehr gut gepflegter Privatgarten des Kaisers Shumsher Rana aus dem

Jahr 1920[7]. Heute ist er für einen kleinen Eintritts-
preis (400 Rupien ~ 3,20 € für Touristen, Kinder unter fünf Jahren haben freien Eintritt) zugänglich. Es
ist ein wunderbarer Ort, um Pflanzen zu entdecken,
ein Buch zu lesen oder einfach in der Sonne zu ent-
spannen. Geöffnet ist der kleine Park, inklusive des
darin liegenden Kaiser Cafés, täglich von 9:00 bis
22:00 Uhr.

Wenn Sie durch Thamels schmale Straßen laufen, werden sie diversen Straßenverkäufern begegnen. Einige bieten Tiger Balm an – ein Balsam zur
Heilung von Muskel- und Gelenkschmerzen, sowie
zur Erleichterung des Atmens bei einer Erkältung.
Andere spielen, auf einer Art Violine namens Saran-
gee, zur Demonstration ihrer Qualität nepalesische
Volkslieder: Resham Firiri ist ein bekanntes Volks-
lied, dessen einmaliger Melodie Sie durchaus öfter
auf Ihrer Reise begegnen werden. Andere Männer
sprechen Besucher an, um ihre Visitenkarte zur Vermittlung von Wanderungen (Trekking) anzubieten.
Manche dieser Verkäufer sind sehr beharrlich, aber
lassen Sie sich davon nicht entmutigen und lehnen
Sie freundlich ab.

---

[7]http://gardenofdreams.org.np

Marihuana ist zwar seit 1973 eine illegale Droge in Nepal, trotzdem wird es reichlich auf der Straße angeboten. Marihuana wächst übrigens in zahlreichen Gegenden des Landes.

Gut zu wissen: Stromausfälle sind im ganzen Land alltäglich. Wahrscheinlich hat Ihre Unterkunft eine Batterie oder einen Stromerzeuger. Ansonsten heißt es warten, bis der Strom wieder fließt. In günstigen Unterkünften empfiehlt es sich, für diesen Fall ein paar Kerzen oder eine Taschenlampe (ggf. im Mobiltelefon) griffbereit zu haben.

Thamel ist sehr touristisch, ein Nachteil davon ist, dass Nahrung durchschnittlich deutlich teurer ist. So kostet ein Teller Dhal Bhat durchaus 300 bis 400 Rupien, in schickeren Restaurants sogar bis zu 700 Rupien (~5,60 €). Eine günstige Alternative ist beispielsweise das Pipal Bot Khaja Ghar. Dieses kleine Lokal befindet sich nahe dem Hotel Marshyangdi. Dort gibt es vegetarisches Dhal Bhat, als Khana-Set bezeichnet, für 200 Rupien (~1,60 €).

Wer es sich gut gehen lassen will, kann eines der zahlreichen Spas für eine Massage aufsuchen.

Besonders zu empfehlen ist die Organisation Seeing Hands, da sie Menschen mit Sehbehinderung eine Ausbildung und Einnahmequelle bietet. Die Klinik in Thamel ist täglich geöffnet und bietet Massagen ab 2000 Rupien für 60 Minuten (~16 €)[8] an.

Die zentrale Lage des Viertels macht es ideal, um zu Fuß den Durbar-Platz oder den Swayambhunath-Stupa zu besuchen. Auf dem Weg zu beiden Sehenswürdigkeiten kommen Sie an allerlei kleinen Tempeln vorbei, in die es sich lohnt, einen Blick zu werfen. Wer ungern längere Strecken zu Fuß geht, kann eine Fahrt in einer Rikscha ausprobieren. Dies ist ein Fahrrad mit Kutsche für zwei Personen. Kundensuchende Fahrer sind in Thamel an jeder Ecke auffindbar.

> Tipp: Verhandeln Sie Preise in Taxis und Rikschas immer, bevor die Fahrt losgeht.

Eine öffentliche Verkehrsanbindung gibt es an den nahe gelegenen Stationen Ratna Park und Jamal. Sie liegen ca. 700 Meter vom südlichen Ende Thamels

---

[8]https://www.seeinghandsnepal.org/index.php

entfernt.

VON SOUVENIRS UND SILBERSCHMUCK

Thamel ist ein guter Ort, um Wanderausrüstungen wie Schuhe, Kleidung, Rucksäcke und ähnliches günstig zu kaufen. Verhandeln ist beim Preis in Nepal üblich (außer in Restaurants und Geschäften mit festen Preisen, manchmal gibt es dafür Schilder auf denen fixed price steht). Mehrere Läden verkaufen die gleichen Artikel, sein Sie also nicht entmutigt, falls die erste Verhandlung nichts wird. Sie können garantiert anderswo einen ähnlichen Artikel finden.

Neben Wanderartikeln sind Wollpullover oder -schals um vielfaches günstiger als in Deutschland. Woran man erkennt, ob diese echt sind, ist schwer zu sagen. Jeder Verkäufer wird Ihnen erklären, dass seine Artikel echt und von bester Qualität sind. Tatsächlich ist es ratsam, den Stoff anzufassen, denn reine Wolle fühlt sich anders an als synthetisches Material. Manch einer sagt, ein Brenntest zeige, dass echte Wolle zu Asche verbrennt und nicht so schmilzt wie Plastik. Nur leider können Sie im Laden keinen Brenntest machen, außer der Verkäufer bietet es Ihnen an. Des Weiteren möchte ich anmerken, dass viele Stücke als echter Kaschmir ausgeschildert sind. Aber echter Kaschmir und die feinere Pashmina-Wolle kommen ausschließlich aus der Kaschmir-Region. Ob dies in allen Geschäften der Fall ist, wage ich zu bezweifeln. Nichtsdestotrotz befinden sich eine Vielzahl wunderschöner, einfarbiger oder gemusterter Schals in den Straßen Thamels. Die Mehrheit derer besteht, meiner Ansicht nach, aus Wolle. Mein liebster Schal für kalte, deutsche Wintertage, kommt aus Nepal und ich konnte mich bis heute nicht beschweren, denn er lässt meine Haut atmen, während er mich warmhält.

Wie im Titel dieses Kapitels schon angedeutet, werden Sie in diesem Viertel eine große Auswahl an Silberschmuck mit Halbedelsteinen sehen. Sie sind ebenfalls sehr günstig: Ein Ring mit kleinem Stein kostet zwischen 250 und 750 Rupien (~2 bis 6 €). Hier kommt es auf Ihre Verhandlungsfähigkeiten und die des Verkäufers an. Aber ich sage Ihnen: nur Mut! Probieren Sie es aus, denn auch beim Silberschmuck gilt: Ein anderes Geschäft hat wahrscheinlich ein ähnliches Stück im Sortiment. Ein mit

Sicherheit in Nepal erzeugtes Produkt sind Taschen und Rucksäcke aus Hanf. Keine Sorge, der Stoff enthält kein psychoaktives THC! Ebenfalls lokal gefertigt werden Wollfilzartikel wie Hausschuhe, Mobiles, kleine Taschen, sogar kleine Ostereierwärmer in Tierform habe ich schon gesehen. Weitere Schnäppchen, die sich wunderbar als Geschenk eigenen, sind diverse Dekorationsartikel, wie z. B. Tiere oder kleine religiöse Figuren aus Metall.

Da wir gerade über religiöse Gegenstände sprechen: Malas sind Gebetsketten, die je nach Material eine bestimmte Energie, also einen Einfluss auf den Träger haben sollen. Es gibt sie aus Holz, Samen verschiedener Bäume, Kristall sowie Halbedelsteinen. Eine Kette hat in der Regel 108 Perlen plus eine Guru-Perle. Guru ist ein Lehrer, der den Weg zur spirituellen Entwicklung zeigt. Die Zahl 108 hat in der hinduistischen und buddhistischen Kultur eine wichtige Rolle. Ein Grund dafür ist, dass der Durchmesser der Sonne circa 108-mal so groß ist wie der Durchmesser der Erde. Außerdem ist der Abstand von Sonne und Erde 108-mal so groß wie der Durchmesser der Sonne. Eine weitere Erklärung ist, dass die Upanischaden, ein Teil der heiligen indischen

Veda-Schriften, 108 Texte hat. Ferner gibt es im Buddhismus 108 Bände der gesammelten Lehren Buddhas[9].

Sehr beliebt unter Touristen sind außerdem buddhistische Malereien namens Thankas. Eine große Auswahl an Thankas gibt es in Boudha, wo Sie Malstudios und Schulen besichtigen können.

Wer maßgeschneiderte Kleidung schätzt, wird in Nepal fündig. Ein maßgeschneiderter, dreiteiliger Herrenanzug kostet ca. 150 €, eine Alltagshose bekommen Sie für unter 40 €. Im großen Shrestha Tailoring Center sind die Preise zwar etwas teurer als in kleinen Läden, dafür bekommen Sie dort moderne Schnitte und gute Beratung. Die nächste Shrestha-Schneiderei liegt in Bagbazar, ca. 20 bis 30 Minuten Fußweg von Thamel.

Ein Stück Geschichte mit nach Hause nehmen
Gorkhali, später Gurkha genannt, waren die Soldaten des Gorkha-Königreichs, das zum Königreich Nepal wurde. Ihr Kampf gegen die britische Armee verhinderte, dass die Mehrheit des Landes Teil des britischen Weltreiches wurde. Somit blieb Nepal, im

---

[9]https://www.miramalas.com/warum-108/

Gegensatz zu Indien, größtenteils selbstständig. Später wurden die Gurkha von der britischen Armee rekrutiert, in der sie bis heute kämpfen. Heutzutage werden nepalesische Soldaten ebenfalls von anderen Nationen angestellt. Generell wurden und werden Gurkha als außerordentlich furchtlos beschrieben.

Früher kämpften die Soldaten mit einem nach vorne geneigtem Messer, dass Khukuri genannt wird, wobei das zweite U kaum ausgesprochen wird. Da dieses Messer weltberühmt ist, wird es in Nepal in verschiedenen Größen angeboten. Sie können damit sozusagen ein Stück der Geschichte Nepals mit nach Hause nehmen. Dieses Messer wird vielfältig im Alltag benutzt – einmal sah ich eine Gruppe Frauen in Sarangkot, nahe der Stadt Pokhara, ganz leger mit diesen Messern im Gürtel.

Ein was?
Ein Yak!
Haben Sie schon einmal von einem Yak gehört? Es ist eine langhaarige Berg-Kuh bzw. ein Ochse mit großen Hörnern. Das Fell der Wildtiere ist meist schwarz mit dunkelbraunem Unterhaar. Als Nutztiere gehalten kommen Weiß-, Beige- bis Brauntöne

vor. Yaks wurden wahrscheinlich in Tibet domestiziert, ferner werden sie heute unter anderem in Nepal, China, Indien und der Mongolei in Höhen von 4000 bis 6000 Metern gehalten[10].

In Kathmandu werden Sie nun keinen lebendigen Yak sehen, denn das Tal liegt nur 1400 Meter über dem Meeresspiegel, aber bunt gefärbte, weiche, wärmende Schals und Decken aus Yak-Wolle gibt es zu kaufen. Eventuell entdecken Sie sogar in einem Laden eine kleine Yak-Figur aus echtem Fell. Des Weiteren wird Yak-Milch und -Butter in der tibetischen Küche verwendet. Beispielsweise als Käse und im „Tibetan tea" genannten Buttertee. Heutzutage werden für den Tee häufig stattdessen Kuhmilchprodukte verwendet, da sie günstiger und leichter zu bekommen sind. Übrigens heißt das weibliche Tier auf Tibetisch nicht Yak, sondern phonetisch „Dri". Deshalb müsste es eigentlich Dri-Milch heißen. Da die meisten Touristen das nicht wissen, wird das Wort Yak für die ganze Spezies verwendet.

Auf Englisch bedeutet das Wort „yak" Geplapper bzw. als Verb quatschen. Einige Kleidungshersteller Nepals haben daraus witzige Aufdrucke für T-Shirts

---

[10]https://www.britannica.com/animal/yak

entwickelt. Vielleicht sehen Sie auf Ihrer Reise davon eines und schmunzeln.

Kathmandu Durbar-Platz

Nur etwa zwanzig Minuten zu Fuß von Thamel liegt der Kathmandu Durbar-Square. Es ist ein königlicher Platz mit Tempeln, Schreinen und Palästen. Bis 1896 wohnte die Königsfamilie hier, danach wurde der Ort bis ins Jahr 2001 für offizielle Zeremonien benutzt. Heutzutage finden in einigen Tempeln weiterhin religiöse Zeremonien statt. Außerdem befindet sich hier das

Wohnhaus der lebenden Göttin Kumari[11]. Der Eintritt kostet pro Person 1000 Rupien (~8 €), Kinder unter 10 Jahren müssen nichts bezahlen. Abends, wenn die Tickethäuschen geschlossen sind, kann man ohne Ticket über den Platz schlendern.

Tipp: Beim Kauf lässt sich das Ticket durch Vorzeigen des Reisepasses für sieben Tage statt für nur einen ausstellen. Wer länger bleibt, kann im Tourismus Büro ein Ticket zum gleichen Preis kaufen, das bis Ende des Visums gültig bleibt.

Übrigens: Bürger der SAARC-Länder (Nepal, Indien, Pakistan, Bangladesch, Sri Lanka, Bhutan, Malediven und Afghanistan) bezahlen an vielen Sehenswürdigkeiten einen günstigeren Preis.

---

[11]Siehe https://www.thelongestwayhome.com/travel-guides/nepal/kathmandu-durbar-square.html

TEMPEL

Auf den Durbar-Plätzen in Kathmandu, Patan und Bhaktapur gibt es einiges zu entdecken: Verschiedene Architekturstile aus diversen Zeiten, Holzschnitzereien, Metallkunst und Statuen zählen dazu. Da ich nicht zu jedem Gebäude etwas schreiben kann, werde ich Ihnen im Folgenden ein paar besondere Details vorstellen.

> Bitte beachten Sie: Ein großes Erdbeben im Jahr 2015 zerstörte viele Gebäude des Tals. Manche Teile werden bis heute repariert, deshalb kann es passieren, dass Bereiche von Gerüsten verdeckt oder Gebäude generell geschlossen sind.

Taleju

Der höchste Tempel Kathmandus, mit etwa 35 Metern, heißt Taleju. Er wurde 1549 im Nord-Osten des Platzes gebaut. Das Gelände ist nur am Dashain-Fest betretbar und bleibt im restlichen Jahr geschlossen. Viele Details des Tempels, der als einer der Schönsten des Platzes gilt, können Sie dennoch aus der Ferne betrachten.

Kala Bhairab

Ganz in der Nähe des Taleju-Tempels steht die Kala Bhairab-Statue. Die ebenfalls Kaal Bhairav genannte Figur stellt eine Inkarnation des Zerstörer-Gottes Shiva dar. Die schwarze Statue ist bunt bemalt und etwa 4 bis 5 Meter hoch. Religiöse Anhänger, die betend Opfergaben bringen, können aus respektvoller Entfernung betrachtet werden.

Jagannath

Zwar ist Sexualität in Nepal ein Tabuthema, dennoch sind die Säulen des Jagannath-Gebäudes mit unzähligen sexuellen Statuen geschmückt. Aus welchem Grund einer der Könige der Malla-Dynastie die Figuren schnitzen ließ, ist bis heute unklar. Es könnte zum Schutz des Tempels vor Göttern und der Bewohner der Stadt vor Naturkatastrophen oder aber als Aufklärungsmethode gewesen sein. Vielleicht wollte der König das Bevölkerungswachstum steigern. Was glauben Sie?

Kasthamandap

Dieser Pavillon ist einer der ältesten Tempel des Platzes. Die Legende besagt, dass er aus einem einzigen Baum gebaut wurde. Außerdem bedeutet sein Name Kathmandu auf Nepali. Einheimische glauben, dass ganz Kathmandu von diesem Tempel aus gebaut wurde. Im Gebäude befindet sich eine Statue von Gorakhnath. Er war ein Heiliger der hinduistischen Nath-Tradition, die er weit verbreitete. Sein Name beeinflusste später den des nepalesischen Gorkha-Königreiches. Des Weiteren befinden sich im Hof des Tempels unzählige Statuen anderer Gottheiten. Das Gebäude im Süd-Westen des Platzes stammt aus dem 12. Jahrhundert und ist bei Ihrem Besuch möglicherweise noch unter Reparatur.

> Übrigens: Auf allen Durbar-Plätzen fahren keine Autos. Das macht die Erkundung der Monumente sehr angenehm!

Kumari Ghar

Das Zuhause der königlichen Kumari befindet sich wenige Meter östlich von Kasthamandap. Die Kumari ist eine lebende Göttin, ein junges Mädchen, die Wiedergeburt der Göttin Taleju. Sie bleibt bis zu ihrer ersten Menstruation in dieser Rolle, dann wird eine neue Kumari gesucht. Ihre Füße dürfen den Boden nicht berühren und sie verlässt nur zu Festen, wie das Indra Jatra (Ende August oder Anfang September), ihr Haus. Die Kumari gibt es seit dem 17.

Jahrhundert, ferner ist sie eine Manifestation des göttlichen Weiblichen. Tatsächlich haben viele Newar-Dörfer eine Kumari. Kathmandus derzeitige königliche Kumari wurde 2017 lebende Göttin, als sie drei Jahre alt war. Besucher können den Innenhof des Hauses betreten, um feine Holzschnitzereien zu betrachten und zu fotografieren. Zwar schaut die Kumari täglich für circa 10 Minuten vom Balkon, aber man braucht schon viel Glück, um das zu erleben. Falls das Glück auf Ihrer Seite ist, respektieren Sie bitte die lokalen Gebräuche, keine Fotos zu machen und stillzustehen. Die Städte Patan sowie Bhaktapur haben jeweils ihre eigene königliche Kumari, weitere Informationen dazu gibt es weiter unten.

Neben dem Kumari Ghar ist ein kleiner offener Platz, auf dem viele Straßenverkäufer Souvenirs zu Preisen anbieten, die verhandelt werden sollten. Wenn Sie am Ende des Platzes rechts abbiegen, kommen Sie auf die Freak Street, offiziell die Jhochhen Tole – eine Straße mit kleinen Überbleibseln in Form von Geschäften und Cafés aus den Zeiten der Hippies in den 1960- bis 1970-er Jahren, als Marihuana noch legal war[12].

MUSEUM

Die Eintrittskarte des Platzes öffnet Ihnen ebenfalls die Türen zum Hanuman Dhoka-Museum. Dies sind ehemalige Palastgebäude aus verschiedenen Zeiten. Neben der Architektur gibt es dort Statuen, Kleidung, Waffen, Fotografien und andere Gegenstände der ehemaligen Königsfamilie zu sehen. Ehemalig ist sie deshalb, da in einem Massaker im Jahr 2011 große Teile der Familie starben. Die Details und Hintergründe der Morde sind bis heute nicht geklärt. Darüber hinaus wurde die Monarchie 2008 abgeschafft. Heute ist Nepal übrigens eine parlamentarische Republik. Das Museum ist täglich von 9:00 bis 17:00 Uhr geöffnet[13].

---

[12]Siehe https://www.tibetdiscovery.com/what-to-see/kathmandu-durbar-square/; https://kathmandupost.com/art-culture/2020/01/11/art-uncensored-a-gift-from-ancient-sculptors
[13]Siehe http://hanumandhokamuseum.gov.np

ALTSTADT

In den Vierteln um den Durbar-Platz herum ist die Altstadt Kathmandus. Dort sehen Sie beispielsweise Bahals: Im rechten Winkel aneinander gebaute Häuser bilden ein Bahal. Im Innenhof finden sich kleine Stupas – ein buddhistisches Monument, das im nächsten Kapitel näher erklärt wird – oder andere Schreine. Besuchen Sie etwa Tahiti Tole, um buddhistische und hinduistische Heiligtümer, wie den Kaathe Swayambhu Shree Gha Chaitya, auch Kathesimbhu-Stupa genannt, sowie den Nateshwar-Tempel zu betrachten. Eines der faszinierenden Details an Kathmandu ist, dass man zwischen Wohnhäusern zahlreiche kleine Statuen sieht, die so alt sind, dass man sie in ein Museum stellen könnte. Dennoch bleiben sie dort im lebendigen Alltag. Teilweise werden sie weiterhin für religiöse Zeremonien genutzt. Das sieht man beispielsweise daran, dass sie rotes oder gelbes Pulver, genannt Tika, aufgetragen bekommen.

Vorsicht: Kommen Sie bellenden oder knurrenden Straßenhunden nicht zu nahe.

Das einheimische Leben können Sie ebenfalls auf den Märkten in diesen Vierteln erfahren. Dort gibt es neben lokalem Obst und Gemüse, Gewürzstände sowie kleine Läden mit Metallgeschirr. Auf dem Marktplatz in Indra Chowk, wo fünf Gassen aufeinandertreffen, steht außerdem der sehenswerte Seto Machhendranath-Tempel. Bitte denken Sie daran, dass manche Tempel nur von Hindus betreten werden dürfen. Des Weiteren ist es üblich, Tempel barfuß zu betreten.

Übrigens: Wenn Sie eine Frage zu einem Tempel haben, fragen Sie Einheimische, die englisch sprechen. Meiner Erfahrung nach plaudern die meisten Nepalesen gern mit Touristen über ihre Kultur.

Swayambhunath – Affentempel

Auf einem Hügel, etwa 3 km von Thamel entfernt, liegt der Swayambhunath-Stupa. Er ist der älteste seiner Art in Nepal: Eine Legende besagt, eine bunte Flamme sei vor 2000 Jahren spontan aus einer Lotusblüte in der Mitte des Ur-Sees des Kathmandu-Tals entstanden. Viele Könige sahen sie als eine „selbst-entstandene" Gottheit – auf Newari bedeutet Swayam selbst und Bhu Geburt. Im Jahr 460 n. Chr. soll der König Manadeva den ersten Stupa an dieser Stelle gebaut haben. Details des

Stupas erläutere ich Ihnen im Kapitel Boudhanath-Stupa.

Um zum Stupa zu gelangen, müssen Besucher 365 Steinstufen besteigen. Oben angekommen werden sie mit einem Panoramablick über die Stadt belohnt. Der Eintritt kostet pro Person 200 Rupien, Tickets für Kinder unter 10 Jahren sind gratis. In den 1970-er Jahren begannen Touristen, die Stupa Affentempel zu nennen, da sie den Newari-Namen nicht aussprechen konnten. Tatsächlich können Sie im Wald, der den gesamten Hügel bedeckt, zahlreiche Affenfamilien mit Babys beobachten.

Vorsicht: Halten Sie ausreichend Abstand zu den Affen und verstecken Sie Essbares in Ihrem Rucksack!

Um den Stupa herum gibt es Einiges zu sehen. Dazu zählt eine große goldene Vajra – ein hindu- und buddhistisches Objekt, auch Dorje oder Donnerkeil genannt. Auf der gegenüberliegenden Seite befindet sich der Harati-Tempel. Er ist Ajima geweiht, sie beschützt Kinder und ist die Schwestergottheit der Ajima in Boudhanath. Außerdem gibt es eine riesige

Buddha-Statue, die im Karma Raj-Kloster steht. Es liegt nach Aufstieg der Treppe rechter Hand[14].

> Übrigens: Ursprünglich waren Stupas Gräber, in die Asche von Verstorbenen getan wurde. Später wurden sie zum Symbol für Erleuchtung und Frieden

In Richtung Norden und Osten befinden sich weitere buddhistische und hinduistische Attraktionen wie der Shantipur-Tempel. Dort soll der tantrische Meister Shankar Acharya seit dem 8. Jahrhundert in einem verborgenen Zimmer wohnen. Früher besuchten ihn Könige im Fall einer Dürre, da er die Macht haben sollte, das Wetter zu beeinflussen[15]. Ferner liegt die Statue des Friedens, der Maha Manjushree Saraswati-Tempel sowie weitere Klöster.

Von dort aus führt eine befahrbare Straße den

---

[14]Siehe https://www.welcomenepal.com/places-to-see/swayambhunath.html; https://www.vivaanadventure.com/swayambhunath/; https://sacredsites.com/asia/nepal/swayambhunath_stupa.html

[15]Siehe https://sacredsites.com/asia/nepal/swayambhunath_stupa.html

Berg hinunter, die auch zur Anfahrt mit einem Taxi genutzt werden kann.

AMIDEVA BUDDHA PARK

Auf dem westlichen Grund des Hügels befindet sich der Amideva Buddha Park. Sie erreichen ihn in circa 15 bis 20 Minuten Gehzeit von dem Stupa aus über den Rundgang am Boden Hügels, der mit Gebetsrädern verziert ist. Wenige Touristen besuchen diesen Ort, obwohl es sich lohnt. Denn dort sehen Sie drei riesige goldene Statuen unter freiem Himmel. Mittig sitzt Buddha, vom Betrachter aus links sitzt Avalokiteshvara und rechts Padmasambhava. Der Eintritt des kleinen Geländes ist frei.

Budhanilkanta

Auf wenige Touristen, dafür viele Einheimische, werden Sie in Budhanilkanta, 9 km nördlich von Thamel, treffen. Im Mittelpunkt dieses Hindu-Tempels steht eine 5 Meter lange Steinfigur Vishnus. Sie zeigt den schlafenden Gott auf einem Bett liegend, das aus der 11-köpfigen Schlange Shesha besteht.

Gut zu wissen: Vishnu ist ein Gott der hinduistischen Trinität. Er ist der Bewahrer, Shiva der Zerstörer und Brahman der Schöpfer.

Die ganze Figur ist aus einem einzigen, schwarzen Basaltblock geschnitten, der von einem Wasserbecken umgeben ist. Dieses ist 13 Meter lang und repräsentiert den kosmischen Ozean. Die Statue ist die größte und vielleicht schönste Figur Nepals. Gläubige Besucher berühren die Füße des Gottes, als Ausländer sollten Sie dies allerdings nicht tun. Es ist unbekannt, wie alt die Figur ist und über ihren Ursprung gibt es verschiedene Legenden: Ein Bauer der Gegend stieß beim Umgraben seines Feldes auf einen Felsbrocken. Ein Schnitt seiner Schaufel im Gestein fing daraufhin an zu bluten. Dies brachte den Mann dazu, die Statue Vishnus auszugraben. Eine andere Geschichte besagt, dass Herrscher Vishnugupta die Figur anfertigen ließ und nach Kathmandu brachte.

Der Name des Tempels hat, nebenbei gesagt, nichts mit Buddha – einer erleuchteten Person – zu tun, sondern bedeutet alter, blauer Hals. Dies ist tatsächlich eine Beschreibung Shivas. Dennoch wird er dank einer Legende, die das Wasser des Teiches mit einem See, den Shiva erschuf, mit diesem Ort in Verbindung gebracht. Anhänger des Gottes Shiva sowie eine einheimische Überlieferung besagen, dass die

Unterseite des Steines Shiva darstellt[16].

Das Tempelgelände kostet keinen Eintritt.

Übrigens: Naturliebhaber haben es von hier aus nicht weit (ca. 2 km), den Shivapuri Nagarjun Nationalpark zu besuchen.

---

[16]Siehe https://www.welcomenepal.com/places-to-see/Budhanilkantha.html; https://sacredsites.com/asia/nepal/budhanilkantha.html

Boudha

Boudha ist ein Viertel im Osten Kathmandus. Es hat seinen Namen von der Boudhanath Stupa. Der Eintritt für den Bereich der Stupa kostet 400 Rupien, Kinder unter 10 Jahren müssen nichts bezahlen.

BOUDHANATH STUPA

Es gibt verschiedene Legenden darüber, wer diesen Stupa im 5. Jahrhundert angeblich gebaut hat. Eine Geschichte besagt, dass eine Buddhistin den König nach einem Stück Land zum Bau eines Stupas fragte.

Er gab ihr ein Fell, in dessen Größe sie ihren Tempel bauen könne. Die Frau war klug und schnitt das Fell ein, sodass daraus ein langer, kreisförmiger Streifen in der Größe des heutigen Stupas entstand. Tatsächlich hat Boudhanath einen Durchmesser von 120 und eine Höhe von 36 Metern[17].

Anderswo wird gesagt, dass entweder der Licchavi-König namens Sivadeva oder König Manadeva ihn erbauen ließen[18]. Eine weitere Legende besagt, dass eine Frau namens Jadzima den Bau mit ihren Ersparnissen begann. Es war ihre Gabe an Buddha. Als sie starb, stellten ihre vier Söhne den Stupa fertig, obwohl zu dieser Zeit eine Dürre herrschte. 84.000 Heilige – Buddhas, Bodhisattvas, Götter, Göttinnen und Dakinis – sollen gekommen sein, um es Blumen regnen zu lassen und schließlich mit dem Stupa eins zu werden. Anhänger kommen alle zwölf Jahre, im tibetischen Kalenderjahr des Vogels, um das Wunder des heiligen Wassers zu erleben: Es wird gesagt, Ambrosia (heiliges Wasser) fließe aus dem Stupa und segne die Menschen. Jadzimas Söhne

---

[17]Siehe https://www.imnepal.com/boudhanath-stupa-nepal-buddha-buddhist/
[18]Siehe https://dolmatours.com/kathmandu-valley/

wurden, dank ihrer guten Tat, in ihrem nächsten Leben als Könige, Mönche und der dritte Sohn als Guru Padmasambhava, wiedergeboren. Jadzima erlangte Erleuchtung, sie wurde zur Beschützerin Pramoha Devi. Für sie steht ein kleiner Tempel am nördlichen Ende des Stupas, wo sie als Ajima verehrt wird[19].

> Übrigens: Es wird gesagt, dass der Stupa Wünsche erfüllt!

Details und ihre Symbolik

Jeder Teil des Stupas ist bewusst so gebaut, dass er eine Bedeutung trägt. Die fünf Elemente Äther, Luft, Feuer, Wasser und Erde tauchen mehrmals auf. Die dreizehn goldenen Stufen am oberen Teil des Stupas beispielsweise symbolisieren als Dreieck das Element Feuer, ferner stellen sie die dreizehn Stadien eines Bodhisattva dar. Bodhisattva ist eine Person, die sich bewusst auf dem Weg zur Erleuchtung befindet. Daher der Name Boudhanath[20]!

Über den Stufen befindet sich ein Schirm aus

---

[19]Siehe https://boudhanathstupa.org/2017/01/04/130/
[20]Siehe https://www.acethehimalaya.com/symbolism-different-parts-boudhanath-stupa/

buntem Stoff, der von einem kleinen Dach zusammengehalten wird. Das Dach wird mit dem Element Luft in Verbindung gebracht, der Schirm soll die drei Juwelen Buddha, Dharma (Lehre) und Sangha (Gemeinschaft der Bodhisattvas) beschützen.

Wenn Sie ganz genau hinschauen, können Sie unter dem Schirm einen goldenen Lotus erkennen. Dieser ist nicht nur im Buddhismus, sondern auch im Hinduismus ein Symbol für Transformation sowie für eine erleuchtete Person. Denn eine Lotusblume wächst aus Schlamm heraus, ohne selbst dreckig zu sein. Lotusblätter werden des Weiteren auf der großen weißen Kuppel in Form von gelben Halbkreisen dargestellt. Die gelb- bis orangefarbenen Töne bekommen sie durch Safranwasser, welches gekonnt auf den Stupa geworfen wird. Die kleinen Sockel unter der weißen Kuppel stehen für das Element Wasser.

Die Spitze ganz oben repräsentiert das Element Äther und den Berg Sumeru oder Meru, der in der Mitte des Universums liegen und Heimat der Götter sein soll.

Wer den Stupa anschaut, entdeckt schnell die Buddha-Augen. Das dritte Auge über ihnen symbolisiert die Weisheit des Buddhas, die Nase darunter steht für das Nirvana – das Bewusstseinsstadium der ultimativen Freiheit. Außerdem ähnelt sie der nepalesischen Ziffer eins. Damit ist einerseits der einzige Weg zur Erleuchtung und andererseits die Einheit dargestellt.

Von der Luft aus gesehen, lässt sich erkennen, dass Boudhanath in Form eines Mandalas gebaut wurde. Die eckigen Ebenen repräsentieren das Element Erde. Das Mandala ist das Haus Buddhas und soll einem dabei helfen, dass eigene innere Universum zu entdecken. Mandalas werden übrigens zweidimensional in vielen tibetischen Thanka-Gemälden dargestellt.

Alle fünf Elemente finden sich außerdem in den Gebetsfahnen wieder, die auf Höhe des Lotus angebracht werden und dem Stupa eine Art Rahmen verleihen. Blaue Fähnchen stehen für das Element Äther, Weiß ist die Farbe der Luft, das Feuer ist rot, das Wasser grün und die Erde gelb. Bedruckt sind die Fähnchen mit Gebeten und Symbolen. Wenn die bunten Fahnen im Wind flackern, tragen Sie die

Gebete zum Himmel[21].

Dies sind nur ein paar grundlegende Details der Stupa und ihrer Bedeutung. Sollten Sie sich näher dafür interessieren, können Sie beispielsweise die Mönche des Lhakhang-Klosters (siehe weiter unten) darüber fragen. Übrigens sollen in dem Stupa Relikte vergraben sein, doch wessen Knochen genau dort sind, bleibt umstritten.

Ein Rundgang

Wenn Sie durch das Eingangstor gehen, wird Ihnen der erste Anblick des Stupas vielleicht die Sprache verschlagen. So ging es zumindest mir. Obwohl ich keine Buddhistin bin, war ich berührt und überwältigt von dem Ausdruck, der Schönheit dieses Gebäudes.

Es ist tibetische Tradition, einen Stupa im Uhrzeigersinn zu umrunden. Auch für nicht Buddhisten ist dies zu empfehlen, da die Masse der Menschen in diese Richtung läuft und es einfacher ist, dem Strom zu folgen – besonders in engeren Passagen des

---

[21]Siehe https://www.acethehimalaya.com/symbolism-different-parts-boudhanath-stupa/; https://www.imnepal.com/boudhanath-stupa-nepal-buddha-buddhist/

Weges.

Der Stupa wird von einer langen Häuserreihe eingekreist. In dieser sind Wohnungen, Gasthäuser, Restaurants und Geschäfte. Hier kann man besonders gut Klangschalen – singing bowls – und buddhistische Malereien namens Thankas kaufen. Manche Geschäfte haben eine angeschlossene Malschule, die besichtigt werden darf. Preise von Thankas unterscheiden sich je nach Grad des Künstlers – ob Schüler oder Meister. Je feiner der Strich, desto besser der Maler und teurer das Gemälde. Es gibt sogar Bilder, die mit echtem Gold veredelt wurden. Beim Kauf können Sie außerdem einen traditionellen Stoffrahmen dazu erwerben. Denken Sie daran, Ihre Verhandlungskünste zu testen.

Nach einem Viertel der Umrandung des Stupas kommen Sie an einem der über 50 Klöster des Boudha-Viertels vorbei. Es heißt Trikal Maitreya Buddha-Kloster. Ist das Gittertor offen, können Sie hineingehen, um den Gebetsraum mit seiner großen goldenen Statue von Maitreya, einem zukünftigen Buddha, zu betrachten. Das nächste Kloster befindet sich auf der Hälfte der Umrundung. Es heißt Guru Lhakhang-Kloster, auch Tamang Gompa genannt.

Tamang ist eine Volksgruppe und Gompa bedeutet Kloster auf Tibetisch. Im ersten Stock befinden sich ebenfalls beeindruckende Statuen von Gottheiten, deren Name auf goldenen Schildern steht. Oft sind Mönche anwesend, die Ihnen gern Fragen beantworten oder eine Segnung geben. Danach werden Sie gebeten, sich ins Gästebuch einzutragen sowie etwas Geld zu spenden. Wer Glück hat, kann eine Zeremonie miterleben. Setzten Sie sich in diesem Fall hin und atmen Sie durch, während Sie den Gesängen, Hörnern, Trommeln und Glockentönen der Mönche lauschen.

Den Blick vom Dach des Lhakhang-Klosters sollten Sie sich nicht entgehen lassen! Es ist ein fantastischer Ausblick auf den Stupa.

Am Fuße des Stupas, direkt gegenüber dem Kloster, finden Sie den Tempel, der Ajima geweiht wurde. Bitte bleiben Sie nicht auf dem kleinen Platz davorstehen, denn die alte Nonne am Eingang des Tempels wird Sie verscheuchen. Daneben finden Sie auf beiden Seiten Eingang und Ausgang des Stupas. Auf der untersten Ebene, direkt hinter der niedrigen Mauer, ist ein Haus mit zwei riesigen Gebetsrädern. Es steht Ihnen frei, hineinzugehen und diese im Uhrzeigersinn zu drehen. Kleine Gebetsräder befinden sich außerdem auf der Außenseite der Mauer. Diese werden von vorbeilaufenden, Gebete murmelnden Buddhisten angestoßen, um beispielsweise Leiden für sich selbst und andere zu lindern.

Es ist möglich, im Innenbereich der Mauer oder auf der ersten Stufe des Mandalas, den Stupa zu umrunden. Von dort aus lassen sich oben beschriebene Details etwas näher betrachten und interessante Fotos schießen. Auf der Ostseite der Bodenebene befinden sich Holzbretter, auf denen eine Niederwerfung des ganzen Körpers praktiziert wird. Dies ist ein religiöses Ritual zur Reinigung von Geist, Körper und Seele sowie ein Zeichen des Respekts vor Buddha[22].

Wenn Sie links neben dem Lhakhang-Kloster die Straße hochlaufen, dann an der nächsten Kreuzung links abbiegen, kommen Sie an einen kleinen Teich mit einer Statue von Guru Rinpoche – auch Padmasambhava genannt. Dieser Ort heißt offiziell Ghyoilisang Peace Park. Zwar wachsen hier keine Pflanzen aus dem Boden, aber es ist ein netter Platz,

---

[22]Siehe http://tibetpedia.com/lifestyle/prostration/

den viele Einheimische besuchen.

In manchen Klöstern sowie auf der Straße gibt es Butter-Lampen. Sie stehen für die Weisheit eines erleuchteten Geistes[23] und werden als Opfergabe angezündet. Wer bis Sonnenuntergang bleibt, kann die Flammen hunderter Ghee-Lampen betrachten oder für 10 Rupien eine Lampe anzünden. Zur gleichen Zeit laufen Scharen von Nonnen, Mönchen und anderen Buddhisten murmelnd mit ihren Gebetsketten um den Stupa.

Boudha ist eine sehr schöne Gegend, um ein paar Tage zu verweilen. Hier können Sie sich unter Einheimische mischen und haben trotzdem Komfort durch Hotels und Restaurants. Unterkünfte direkt an dem Stupa sind teurer als jene in nahegelegenen Straßen. Einige Klöster haben sehr schöne anliegende Gasthäuser zu anständigen Preisen.

---

[23]Siehe http://www.himalayanmart.com/ButterLamps.php

WAS GIBT ES HIER NOCH ZU ENTDECKEN?

Zwei besonders schöne Gompas, das Pullahari- und Kopan-Kloster, liegen nördlich von Boudhanath erhöht auf einem Hügel. Eine gratis Tageswanderung dorthin bietet jeden Donnerstag das kleine Unternehmen Responsible Treks. Die Tour beginnt um 9:00 Uhr und endet um 17:00 Uhr an dem Boudha-Stupa. Der Ausflug bietet Ihnen neben fantastischen Aussichten außerdem Einblicke in örtliche Viertel. Bitte melden Sie sich zur Teilnahme vorher per E-Mail unter info@responsibletreks.com an[24].

Gerade Gegenden um den Boudhanath-Stupa eignen sich gut, um das einheimische Leben kennenzulernen. Schlendern Sie einfach der Nase nach durch die Straßen, um kleine Restaurants, Süßigkeiten-Läden sowie Tempel zu entdecken.

> Tipp: Google Maps kann hilfreich sein, um weniger bekannte Tempel in der Nähe zu finden!

---

[24]Siehe
https://responsibletreks.com/destination/nepal/day-tours-in-nepal/boudha-social-trek-day-tours

Wer mehr über Buddhismus lernen möchte, kann samstags von 9:30 bis 11:00 Uhr einen englischen Vortrag des ehrwürdigen Kunsang Choephel in der International Buddhist Academy (IBA), besuchen[25].

Geheimtipp: In manchen Klöstern kann man den Rinpoche – einen wichtigen Lehrer, der mehrfach als solcher wiedergeboren wurde – kennenlernen. Fragen Sie einfach in einem Kloster nach. Vor ein paar Jahren hatte ich die Möglichkeit, den jungen Tharig Rinpoche im Tsechen Shedup Ling Sakya Tharig-Kloster kennenzulernen. Er war humorvoll und wirkte wie eine Mischung aus pubertärem Jungen und altem weisen Mann. Es war eine fröhliche, interessante Erfahrung.

LOKALE KÖSTLICHKEITEN

Auf der Nordseite des Stupas führen zwei Straßen weiter in Richtung Norden. Erstere, neben der Lhakhang Gompa, habe ich bereits oben beschrieben. Auf letztere kommen Sie, wenn Sie weiter den

---

[25]Siehe http://internationalbuddhistacademy.org/about-us/contact-us-and-map/

Stupa umrunden und entweder geradeaus über eine Seitengasse laufen oder weiter hinten links abbiegen. Offiziell heißt Sie Boudha Road, allerdings gibt es keine Straßenschilder. Hier finden Sie kleine Restaurants mit tibetischen Spezialitäten. Eines meiner Lieblingslokale ist ein kleines Familienrestaurant, namens Kyipa Restaurant. Es befindet sich linker Hand in einer überdachten Passage, auf deren Vorderseite ein Gemüseverkäufer ist. Probieren lassen sich hier unter anderem Thentuk, Thukpa, Chow mein, Momo und Ting Momo. Letztere stehen zwar nicht auf der Speisekarte, aber es gibt sie. Ein Ting Momo ist eine Art dampfgegartes Brötchen aus Weizenmehl, das mit scharfer Soße gegessen wird. Ich bestelle dazu gern Alu Dum – scharfe Kartoffeln – oder Chana – braune Kichererbsen.

Wenn Sie mehrere Gerichte probieren wollen, können Sie einige davon als halbe Portion bestellen. Auf der anderen Straßenseite, etwas näher in Richtung Stupa, ist das Choten-Hotel, keine Unterkunft, sondern ein kleines Restaurant. Neben einem Schneider hängt ein Schild über einem Durchgang. Das kleine Lokal befindet sich am Ende des Durchgangs auf der rechten Seite.

Tipp: Kleine Lokale haben häufig keine Speisekarte, sondern nur ein paar Fotos von Gerichten. Fragen Sie einfach nach, was vorrätig ist und wieviel es kostet, denn die Bilder zeigen meist eher, was es alles geben könnte.

Eine tibetische Kleinigkeit, die Sie unbedingt probieren sollten, ist Laping: Große, runde Nudeln aus Mungbohnen-Mehl werden mit einer scharfen Paste bestrichen, zusammengerollt, in kleine Rollen geschnitten, anschließend kalt pur oder mit einer Soße serviert. Eine Schüssel Laping kostet ca. 40 Rupien (~0,32 €). Sie finden Laping in fast allen Lokalen auf besagter Straße.

Des Weiteren zu empfehlen sind Paratha, Pani Puri und Chauri. Paratha ist ein mit Kartoffeln und Gewürzen gefülltes Fladenbrot. Es wird an einem kleinen Stand, vor dem Eingang zum Tharlam Kloster, frisch zubereitet. Sie können auswählen, ob Sie das Paratha mit oder ohne scharfe Soße wollen, in jedem Fall kostet es 30 Rupien (~0,25 €). In dieser Gegend stehen meistens mehrere kleine, blaue Wagen, an denen Sie Pani Puri und Chauri bekommen. Pani Puri ist eine kleine knusprige Teigblase, die mit

Zwiebeln, Kartoffeln, Gewürzen und einer wässrigen Gemüsesuppe gefüllt wird. Der Verkäufer gibt Ihnen einen kleinen Teller und bereitet so lange weitere Pani Puri zu, bis Sie ihm sagen, dass Sie satt sind. Pro Stück kosten sie 5 Rupien. Chauri hingegen ist eine Portion gepuffter Reis mit ähnlichen Gewürzen und Gemüse, das in einem zusammengerollten Papier serviert wird. Dazu bekommen Sie kleine Pappkarten als „Löffel". Eine Portion dieses leckeren Snacks kostet 30 Rupien.

Zu Guter Letzt möchte ich Ihnen noch Khapse vorstellen. Dies sind leicht süße, frittierte Kekse, die traditionell zum tibetischen und Sherpa-Neujahr serviert werden. In Boudha stehen jedoch das ganze Jahr durch Verkäuferinnen mit abgepackten Khapse auf der Straße.

NÄCHSTENLIEBE

Nepal ist ein kulturell sehr reiches Land. Dennoch befinden sich unzählige Menschen in materieller Armut. Dies hat sicherlich mit der weitverbreiteten politischen Korruption zu tun. Es kann gut sein, dass Sie Bettlern und Straßenmusikern begegnen.

Manchmal laufen Frauen umher, die nach Milch für ihr Baby fragen. Außerdem gibt es Kinder, die pinke Zuckerwatte verkaufen. Es ist problematisch, Geld zu geben, da man nie weiß, was damit getan wird. Vielleicht gehört der Bettler zu einer organisierten Gruppe, in der ihm am Ende des Tages von dem Geld nur ein Bruchteil bleibt. Oder gibt er es für Drogen aus? Wenn es sich um Kinder handelt, lernen diese, dass es einfacher ist zu betteln, als sich zu bilden. Es ist ein schwieriges Thema. Meistens werden wir gleichzeitig mit eigenen negativen Gefühlen konfrontiert.

Eine nicht problemfreie Möglichkeit ist, ein Stück Obst zu schenken. Doch wer wirklich helfen will, kann sich überlegen, ein Obdachlosenheim durch Freiwilligenarbeit zu unterstützen oder andere Organisationen zur Verbesserung der Lebensumstände der Armen mit einer Spende zu stärken.

Übrigens: Wer sich sonst noch über Ihre Nächsten-
liebe freut, sind Tauben, die für einen kleinen Preis
mit Körnern gefüttert werden können. Aber vor allem lassen sich unzählige (Straßen-)Hunde gern
streicheln. Sie sonnen sich auf dem Boden liegend
in der Nähe des Stupas.

Pashupatinath

Von Boudhanath aus kann man in ca. 25 Minuten zum Pashupatinath Gelände laufen. Überqueren Sie die Straße am Haupteingang des Stupas und folgen Sie der Boudhadwar Marg-Straße in Richtung Süden. Biegen Sie beim Panchamukhi Hanuman-Tempel links ab, so kommen Sie an einen Fluss, auf dessen anderen Ufer ein Eingang des Geländes ist. Oder Sie gehen geradeaus weiter, bis Sie auf eine große Straße kommen. Von dort aus sehen Sie die Rückseite des Geländes. Laufen Sie nach rechts und folgen Sie dem Rand des Waldes, bis Sie zum Haupteingang kommen. Der Eintritt kostet 1000 Rupien (~8 €).

Pashupatinath ist dem hinduistischen Gott Shiva gewidmet. Durch das Gebiet fließt der heilige Bagmati, der später in den heiligen Ganges mündet. Direkt am Flussufer werden Verstorbene eingeäschert. Ihre Asche wird vom Wasser davongetragen. Als Tourist können Sie die Beerdigung aus respektvoller Nähe betrachten. Auf großen, brennenden Holzhaufen liegen tote, in weiße Tücher gewickelte, Körper. Die trauernde Familie und Freunde tragen traditionell weiße Kleidung.

Auf der einen Seite des Bagmati befindet sich der Haupttempel. Nur Hindus dürfen ihn betreten. Doch auf dem restlichen Gelände gibt es eine Vielzahl kleinerer Tempel, die offen zugänglich sind. In vielen kleinen Schreinen können Sie Lingas entdecken. Das ist eine Säule, die oben abgerundet ist. Sie repräsentiert ein männliches Geschlechtsteil und ist ein Symbol Shivas. Sadhus, wandernde Yogis, sitzen um die kleinen Tempel und rauchen Marihuana. Sie leben enthaltsam, während sie versuchen, sich durch Meditation aus dem Zyklus von Leben und Wiedergeburt zu befreien. Sie können sich mit einem orange-angezogenen Yogi fotografieren lassen oder eine Segnung von ihm annehmen. In jedem Fall wird der Sadhu Sie hinterher um eine Spende bitten. Die meisten Sadhus leben ohne Besitztümer und sind auf Spenden angewiesen. Für das Maha Shivaratri-Fest (ein Tag Ende Februar oder Anfang März) laufen hunderte Sadhus aus allen Teilen Indiens und Nepals zu Fuß nach Pashupatinath, um Shiva die ganze Nacht lang zu ehren.

Auf der anderen Seite des Flusses führt eine Treppe an Schreinen vorbei zu einem Aschram (ein (Wohn-)Ort für Anhänger einer spirituellen Gemeinschaft) und Tempel des Gorakhnath.

> Achtung: In Pashupatinath laufen Affen und Hunde frei herum, sein Sie deshalb vorsichtig.

Täglich findet um 18:00 Uhr eine Zeremonie namens Aarati am Flussufer statt. Priester bewegen Butterlampen in kreisenden Bewegungen durch die Luft, religiöse Lieder – Bhajans – werden gesungen und der göttliche Tandava wird getanzt[26]. Durch das Ritual werden Fluss, Tempel und Gott selbst verehrt.

---

[26]Siehe https://www.welcomenepal.com/things-to-do/pashupatinath-bagmati-aarati.html

Wer abends dort ist, sollte sich die Zeremonie unbedingt ansehen. Sehens- beziehungsweise hörenswert ist auch das klassische Konzert im Kirateshwar Mahadev-Tempel. Es findet an Vollmondnächten von ca. 16:00–19:00 Uhr statt[27]. Hierbei handelt sich nicht um westliche klassische Musik, sondern um etwas, dass wir als klassische indische Musik kennen. Mit Gesang, Trommeln und uns unbekannten Instrumenten wird von Musikern eine fast meditative Atmosphäre kreiert.

[27]Siehe https://www.welcomenepal.com/things-to-do/full-moon-concerts-at-kirateshwar.html

Lalitpur – Patan

Die Stadt Lalitpur grenzt südlich an Kathmandu. Das Königreich hieß zu seiner Zeit Patan. Der Kaiser Ashoka soll bereits im Jahr 250 v. Chr. bei einem Besuch der Gegend vier Stupas an den vier Ecken der Stadt gebaut haben[28]. Damit ist es das älteste der drei Königreiche Kathmandus.

---

[28]Siehe https://www.aghtrekking.com/patan-durbar-square.php

Tipp für den kleinen Geldbeutel: Öffentliche Busse halten an der Lagankhel Bus Station. Von dort aus brauchen Sie etwa 10 Minuten zu Fuß zum Durbar-Platz. Auf dem Weg liegt der sehenswerte **Mach-hendranath-Tempel.**

PATAN DURBAR-PLATZ

Patan ist für seine Kunst in Form von aufwendigen Schnitzereien, Metallarbeiten und vielfältiger Architektur bekannt. Der Eintritt zum Durbar-Platz kostet 1000 Rupien. Mit dem Ticket kann ebenfalls das Patan-Museum betreten werden. Dieses Museum befindet sich in einem ehemaligen Königspalast und zeigt neben Architektur auch traditionelle religiöse Objekte aus einer großen Zeitspanne. Ein Besuch ist vor allem deshalb zu empfehlen, da Details und Kontexte der Gegenstände gut erklärt werden. Wer nach dem Besuch eine kleine Pause braucht, kann sich im Gartencafé des Museums an der frischen Luft erholen.

Gut zu wissen: An vielen Attraktionen warten Tourenführer auf Touristen. Es bleibt Ihnen überlassen, ob Sie einen Guide anheuern oder nicht. Der Mehrwert der Tour hängt vom Individuum ab. In jedem Fall wird Sie der Guide zum Schluss nach Geld oder dass Sie ihm etwas wie Bücher kaufen fragen. Wenn Sie keine geführte Tour wollen, lehnen Sie freundlich, dennoch standhaft ab.

Auf dem Platz befinden sich Gebäude verschiedenster Stile, darunter der **Vishwanath-Tempel** aus dem 17. Jahrhundert. Dort wird Shiva geehrt. Achten Sie auf die beiden hübschen Elefanten am Eingang. Beindruckend ist übrigens, dass der achteckige **Chyasin Dewal-Tempel** aus einem einzigen Stück Granit gefertigt wurde. Er ist Krishna, der achten Inkarnation des Gottes Vishnu, geweiht. Ein Tempel, der sowohl Shiva als auch Vishnu verehrt, heißt **Hari Shankar**. Die Gottheit Shankar Narayan ist halb Vishnu und halb Shiva. Der Tempel ist seit seiner Zerstörung durch das große Erdbeben 2015 im Wiederaufbau[29]. Anstatt Ihnen nun weitere Tempel

---

[29]Siehe https://www.thelongestwayhome.com/travel-guides/nepal/patan/guide-to-patan-durbar-square.html

vorzustellen, empfehle ich Ihnen, über den Platz zu schlendern und sich auf Details zu konzentrieren, die Sie interessieren. In Patan gibt es wirklich viel zu sehen. Weitere Orte, die Sie interessieren könnten, beschreibe ich im Folgenden.

DIE KUMARI VON PATAN

In der Nähe des Durbar-Platzes wohnt Unika Bajracharya, die lebende Göttin von Patan. Um sie zu besuchen, laufen Sie am südlichen Ende des Durbar-Platzes auf die Dhaugal Straße in Richtung Westen. Nach etwa 350 Metern befindet sich links das Ratnakar Mahavihar-Gelände. Darauf sehen Sie bereits ein Schild für die Kumari. Im Innenhof finden Sie linker Hand ein weiteres Schild. Läuten Sie dort die Türglocke. Wahrscheinlich wird ein Familienmitglied der Kumari Sie empfangen. Bitte verhalten Sie sich respektvoll: Am besten Knien Sie sich hin und versuchen nicht, mit der lebenden Göttin zu sprechen. Es wird gesagt, dass bestimmte Verhaltensweisen der Kumari Andeutungen für Ihre Zukunft sind: Stille deutet an, dass Ihre Wünsche erfüllt werden. Wenn die Kumari in Essen herumstochert, bedeutet dies finanziellen Verlust. Weinen ist ein Zeichen für Krankheit oder Tod und Zittern wird mit einer bevorstehenden Festnahme verbunden. Sie können eine kleine Spende von 20 bis 50 Rupien auf dem Teller an den Füßen der Kumari lassen. Traditionell berühren Besucher die Füße der Kumari für einen kurzen Moment, bevor sie gehen[30].

Zwar habe ich selbst noch keine Kumari besucht, dennoch denke ich, dass es eine außergewöhnliche Erfahrung ist! Des Weiteren kann es nicht schaden, sich vor einem Besuch etwas genauer über die Kumari und einen respektvollen Umgang mit ihr zu erkunden. Dazu kann ich Ihnen die Artikel auf David Ways Webseite (thelongestwayhome.com) empfehlen. Er empfiehlt Besuchern, die Kumari nicht mit einer Reisegruppe aufzusuchen. Denn dadurch wird sie von einer lebendigen Person, einem Subjekt, zu einem Objekt, einer Touristenattraktion. Geführte Touren sollten außerdem abgelehnt werden, da die Kumari und ihre Familie von den Tour-Tickets nur einen winzigen Teil bekommen.

---

[30] Siehe https://www.thelongestwayhome.com/travel-guides/nepal/kumari-of-nepal-living-goddess.html

MAHABUDDHA

Nur 600 Meter vom Durbar-Platz entfernt, liegt der Mahabuddha-Tempel. Zwischen Wohnhäusern versteckt steht dieses Monument, welches im Jahr 1610 fertiggestellt wurde. Gebaut wurde es aus 9000 Ziegeln, im hinduistischen Shikari-Stil. Es wird gesagt, dass insgesamt 1008 Buddhas zu sehen sind. Die Zahl 1008 ist, ähnlich der oben erläuterten Zahl 108, spirituell wichtig für Hindus und Buddhisten. Das Eintrittsticket für 50 Rupien gilt ebenfalls für das newari-buddhistische Kloster Rudra Varna Mahavihar. Es befindet sich nur 75 Meter von Mahabuddha entfernt. Zu sehen gibt es dort drei Innenhöfe mit einzigartigen stilistischen Details.

KWA BAHAL

Der Kwa Bahal-Tempel, oder Hiranya Varna Mahavihar, wird auch goldener Tempel genannt. Diese Pagode ist tatsächlich ein buddhistisches Kloster, das im 12. Jahrhundert gebaut wurde[31]. Vom

---

[31]Siehe https://www.aghtrekking.com/patan-durbar-square.php

Durbar-Platz können Sie den Tempel in nord-westlicher Richtung in 5 Minuten zu Fuß erreichen. Auf dem Weg dorthin kommen Sie übrigens an weiteren hübschen Tempeln vorbei. Der Eintritt kostet 50 Rupien.

Wie Sie sehen, lohnt es sich, in Lalitpur über die Ränder des Durbar-Platzes zu schauen. Hoffentlich konnte ich Sie zu einem längeren Spaziergang in dieser historischen Stadt inspirieren.

Bhaktapur

Bhaktapur ist die dritte Königsstadt im Kathmandu-Tal. Sie liegt etwa 15 km von Thamel entfernt. Große Teile der Stadt dürfen nur mit einem Ticket betreten werden. Es kostet 1500 Rupien pro Person, Kinder unter 10 Jahren dürfen umsonst mitkommen.

Übrigens: In Bhaktapur dürfen keine Autos fahren.

DURBAR-PLATZ

Bhaktapurs Metallkunsthandwerk wird am fantastischen **goldenen Tor** gezeigt. Es steht am Eingang zum königlichen Palast. Beeindruckend ist ebenfalls die **goldene Glocke**. Sie wurde im 18. Jahrhundert durch König Ranajit Malla erbaut, um der Göttin Taleju zu huldigen und die Bewohner der Stadt zu versammeln. Eine weitere Glocke, die sogenannte Barking Bell, bringt durch ihren tiefen Ton Hunde zum Bellen. Sie steht vor dem, der Mutter Göttin geweihten, **Vatsala Devi-Tempel**. Gleich daneben befindet sich eine goldene Statue des Königs **Bhupatindra Malla** auf einer Säule. Ungewöhnlich sind außerdem die erotischen Skulpturen auf den hölzernen Säulen des **Yakeshwor Mahadev-Tempel**. Er wurde im 15. Jahrhundert, nach Vorbild des Pashupatinath Tempels, erbaut[32]. In Richtung Norden liegt der **Snake Pond**. Dies ist kein Teich mit lebendigen Schlagen, sondern eine Wasserstelle mit einer großen Schlangenskulptur aus Stein und Metall.

Dies sind nur ein paar der zahlreichen Attraktionen des Platzes. Bhaktapur besitzt weitere Plätze

---

[32]Siehe https://bhaktapur.com

mit außergewöhnlichen Gebäuden, die ich Ihnen weiter unten vorstelle.

Gut zu wissen: An Durbar-Plätzen bekommen Sie eine Landkarte gratis mit Ihrem Ticket.

NATIONAL ART MUSEUM

Das nationale Kunstmuseum Bhaktapurs hat Ausstellungsräume an zwei Standorten: Auf dem Durbar-Platz ist es im **Singh Dhwakha-Palast**, der 55 Fenster hat, untergebracht. Er wurde bis 1769 genutzt. Die Fenster- und Türrahmen sind aus kunstvollen Holzschnitzereien. Ausgestellt werden seltene Gemälde sowie Steinskulpturen. Manche der Objekte sind so alt, dass sie in Europa wahrscheinlich hinter Sicherheitsglas gestellt würden[33].

Der zweite Ausstellungsraum liegt auf dem Dattatraya-Platz. Im **Chikanpha Math** gibt es allerlei Metallgegenstände des Alltags sowie rituelle Bronzearbeiten zu sehen. Das Haus des Priesters – **Pujari Math** – stellt religiöse Holzschnitzereien aus. Auf der

---

[33]Siehe https://nationalartmuseum.gov.np/about-us/

Ostseite des Hauses können Sie das wunderschöne Pfauen-Fenster besichtigen[34].

Das Eintrittsticket von 150 Rupien pro Person öffnet Ihnen die Tür zu beiden Gebäuden. Um Fotos oder Videos zu machen, müssen zusätzlich 100 bzw. 200 Rupien bezahlt werden.

TAUMADHI-PLATZ

Besuchen Sie unbedingt den Taumadhi-Platz 350 Meter südlich des Durbar-Platzes. Dort werden handgemachte Tongefäße hergestellt und verkauft. Außerdem steht hier Nepals höchste Pagode: ein fünfstöckiger Tempel für die Göttin Lakshmi namens **Nyatapola**. Auf seiner Treppe befinden sich auf jeder Seite jeweils vier beeindruckende Steinstatuen. Gleich daneben ist der **Bhairavnath-Tempel**. Darin zu sehen ist der schreckenerregende Bhairavnath, eine Manifestation Shivas. Am südlichen Ende des Platzes liegen der **Jagannaath-** und **Narsingh-Tempel**.

---

[34]Siehe https://nationalartmuseum.gov.np/main-attractions/

DATTATRAYA-PLATZ

Der Dattatraya-Platz liegt etwa 1 Kilometer vom Durbar-Platz entfernt. Hier stehen einige Hindu Klöster Bhaktapurs – Math genannt. Der Dattatraya Tempel zeigt die hinduistische Trinität – Brahma, Vishnu und Shiva. 1428 soll der Tempel aus einem einzigen Stück Holz eines Baumes gebaut worden sein.[35]

DAS LECKERSTE JOGHURT DER WELT

In Bhaktapur gibt es eine Spezialität: Juju Dhau heißt übersetzt König des Joghurts. Es ist ein süßes Joghurt, das in einem Tontopf reift. Die Textur ähnelt Quark und es schmeckt fast wie Pudding. Traditionell wird es aus frischer Büffelmilch namens bhaisi zubereitet. Sie bietet mehr Geschmack und eine üppigere Textur. Juju Dhau darf auf Festen nicht fehlen[36]. Heutzutage wird es auch in Plastikgefäßen

---

[35]Siehe https://bhaktapur.com
[36]Siehe
http://tasteofnepal.blogspot.com/search/label/Top%20 18%20Foods%20to%20Try%20in%20Nepal

verkauft, aber glauben Sie mir, das Joghurt aus einem Tontopf schmeckt deutlich besser.

CHANGU NARAYAN

Wer in Bhaktapur ist, sollte die Gelegenheit nutzen, um den Changu Narayan Tempel zu besuchen. Er liegt idyllisch auf einem Berg, ca. 4 km nördlich außerhalb Bhaktapurs. Dorthin kommen Sie entweder mit einem öffentlichen Bus oder Sie nehmen ein Taxi (~250 Rupien). Dieser Tempel ist Vishnu geweiht. Sein genaues Alter ist unbekannt, doch die älteste Inschrift ist mit 464 n. Chr. datiert[37]. Das Tempelgebäude ist beeindruckend verziert, der Innenraum darf nur von Hindus betreten werden. Auf der Westseite steht eine lebensgroße Garuda-Statue. Er ist halb Mensch, halb Vogel und Vishnus Gefährte. Die wahren Schätze – alte Skulpturen, liegen überall im Innenhof verteilt. Dazu gehört eine Figur Vishnus als Narasimha, der halb Löwe, halb Mensch ist, aus dem 3. Jhd. v. Chr. Interessant ist ebenfalls Vishnu als sechsarmiger Zwerg, der sich später in einen Riesen

---

[37]Siehe https://www.templepurohit.com/hindu-temple/changu-narayan-temple/

verwandelte. Daneben steht eine 1500 Jahre alte, kleine, schwarze Platte, die Vishnu mit zehn Armen und zehn Köpfen zeigt[38].

NAGARKOT

Das Dorf Nagarkot liegt auf der Kante des Kathmandu-Tals. Es bietet Ausblicke auf den Himalaya, sogar den Mount Everest. Hier können Sie beispielsweise kleine Wanderungen unternehmen. Der Nagarkot View Point Tower liegt etwa 14 Kilometer nord-östlich von Bhaktapur.

Bhaktapur ist eine wunderschöne alte Stadt, die noch viel mehr zu bieten hat, als ich hier aufzählen konnte. Es lohnt sich, dort ein paar Tage zu übernachten.

---

[38]Siehe http://bossnepal.com/changu-narayan-the-oldest-temple-in-nepal/

Abseits von Touristen

Von einigen, weniger bekannten und dennoch sehenswerten Orte, haben Sie bereits von mir erfahren. Zwei weitere Möglichkeiten, in Kathmandu Neues zu erleben, werde ich Ihnen nun vorstellen.

VOLUNTEERING

Volunteering bedeutet Freiwilligenarbeit. Es bietet Ihnen die Möglichkeit, etwas zum Gemeinwohl Kathmandus beizutragen. Es ist ein Geschenk an Nepal und gleichzeitig wird es Ihnen schöne Begegnungen mit Menschen oder Tieren schenken. Es kann ein belohnendes und zufriedenstellendes Gefühl hervorbringen, der Gemeinschaft etwas zu schenken.

Eine mögliche Anlaufstelle ist das Tierheim Snehacare (www.snehacare.org/volunteer). Die Mitarbeiter des Heimes kümmern sich um Hunde und andere Straßentiere[39]. Unterkunft und Verpflegung für Volontäre werden zur Verfügung gestellt.

Zu anderen Anlaufstellen zählen Obdachlosen-, Kinderheime und Schulen. Informieren Sie sich einfach im Voraus im Internet oder vor Ort nach Möglichkeiten, etwas von Ihrer Zeit zu geben. Bitte wählen Sie Ihre Organisation mit Vorsicht aus. Manche Unternehmen verlangen viel Geld zur Vermittlung einer Stelle. Dabei finde ich es fragwürdig, wo das Geld am Ende landet.

---

[39]Siehe https://www.snehacare.org/about

VIPASSANA

Wenn Sie Interesse an einer tief spirituellen Erfahrung haben, können Sie einen Vipassana-Meditationskurs in einem der folgenden drei Zentren besuchen:

•   Dhamma Shringa liegt am Eingang des Shivapuri Nagarjun Nationalparks, 12 km nördlich von Thamel.

•   Kotdanda ist das Zentrum von Lalitpur. Es liegt südöstlich und weit entfernt von den oben beschriebenen Sehenswürdigkeiten Patans, ca. 20 km von Thamel.

•   Dhamma Kitti befindet sich 9 km südwestlich von Thamel im Ort Kirtipur.

Ersteres ist das größte Zentrum der drei, es hat für bis zu 250 Personen Platz. Ein Kurs für Anfänger dauert zehn Tage – die Teilnahme am ganzen Kurs wird stark empfohlen. Männer und Frauen werden während dieser Zeit separiert. Teilnehmer übernachten in einfach ausgestatteten Räumen im jeweiligen Zentrum und bekommen vegetarische Verpflegung. Kurse werden von freiwilligen Lehrern sowie Helfern organisiert und durchgeführt. Die

Teilnahme ist kostenlos, aber Sie können am Ende mit einer Geldspende helfen, das Zentrum zu finanzieren.

Ziel der Vipassana-Lehre ist, die völlige Befreiung und Erleuchtung – „total liberation and enlightenment"[40]. Oder in anderen Worten „die vollständige Beseitigung geistiger Unreinheiten und letztendlich das Glück vollkommener Befreiung"[41]. Wie wird dieses Ziel erreicht? Unter anderem durch Stille und Selbstreflexion. In zehn Tagen wird den Teilnehmern eine Technik beigebracht, die nach dem Kurs täglich angewendet werden soll. Ursprünglich wurde sie vom Buddha selbst, vor 2500 Jahren, entwickelt. Satya Narayan Goenka lernte sie und verbreitete sie ab 1969 weltweit. Es handelt sich um eine universelle, nicht religiöse Methode, die sich für jeden eignet, der sich wirklich dafür interessiert[42].

Vor der Teilnahme ist eine Anmeldung unter dhamma.org erforderlich, dort können Sie die Kurstermine der jeweiligen Zentren einsehen.

---

[40]Siehe https://www.dhamma.org/en/about/code
[41]Siehe https://www.dhamma.org/de/about/vipassana
[42]Siehe https://www.dhamma.org/en/about/goenka

Über das Kathmandu-Tal hinaus

Neben allem, was das Kathmandu-Tal zu bieten hat, gibt es in Nepal noch so viel zu erleben. Pokhara ist eine große Stadt westlich von Kathmandu. Sie bietet mehr Natur als Kathmandu, kulturelle Prägungen von anderen Völkergruppen und ist ein Tor für Wanderungen in der Annapurna Bergreihe. Schippern Sie in einem Ruderboot über den Phewa-See und betrachten Sie die

Berge bei Sonnenaufgang von Ihrem Fenster oder von einem Gleitschirmflug aus.

Nördlich der Annapurna liegt das Mustang-Gebiet. Zwar war ich selbst noch nie dort, doch es soll eine fantastische Gegend zum Wandern sein! Natürlich können Sie auch hoch hinaus, auf 3564 Meter am Everest Base Camp oder sogar auf den Berggipfel! Letzteres ist jedoch sehr teuer und benötigt lange Vorbereitung.

Übrigens kann man einige Wanderungen selbstständig unternehmen, für andere braucht man einen Bergführer. In jedem Fall setzt das Betreten der meisten Wandergebiete eine gesonderte Genehmigung voraus.

Wer Nashörner, Krokodile, einheimische Vögel, mit etwas Glück Tiger und viele andere Arten in ihrem natürlichen Lebensraum sehen möchte, sollte unbedingt den Chitwan Nationalpark besuchen. Ein weiteres Reiseziel ist die sehenswerte Gedenkstätte in Lumbini, dem Geburtsort des Gautama Buddha.

Zur An- und Weiterreise anderer Teile Nepals gibt es Busse, Taxis oder ggf. Flugzeuge. An dieser Stelle sei gesagt, dass Zeitangaben für Busreisen meistens nicht der Realität entsprechen und die

Fahrten holprig sind. Dennoch bieten sie eine gute Möglichkeit, die Landschaft zu sehen!

So fremd und doch so nah

Das Kathmandu-Tal repräsentiert ein fernes Land, das kulturell anders geprägt ist. Dort begegnen wir unbekannten Religionen mit ihren Sitten. Viele der Bewohner können wir nicht durch Worte verstehen. Doch ein Lächeln ist weltweit verständlich.

Wer sich öffnet, sich auf die neue Umgebung einlässt, kann deutlich mehr erleben, als eindrucksvolle Sehenswürdigkeiten zu besichtigen, Souvenirs zu kaufen, sowie neue Geschmäcker zu entdecken. Jede

Reise an einen fremden Ort ist auch eine Reise zu sich selbst. Man kann sich selbst neu erfahren, wenn man will. Kathmandu kann Sie verändern, Ihnen Einsichten schenken, ferner Ihre Perspektive auf Dinge verschieben. Manch einer kann am Ende etwas von der Gelassenheit der Menschen mitnehmen. Das sage ich aus Erfahrung: Durch meinen Aufenthalt in Nepal bin ich um einiges entspannter geworden. Denn in der Bewegtheit der Stadt lässt sich trotzdem Ruhe spüren. Nicht zuletzt ist dieses Land Heimat eines früheren Buddhas, sowie zahlreicher Sadhus und anderer Spiritueller.

Ich wünsche Ihnen zahlreiche schöne Begegnungen mit Kunst, Kultur, Hunden, Affen und Menschen. Hoffentlich konnte ich Sie inspirieren, offen auf Land und Leute zuzugehen und ebenfalls Wege in weniger touristische Gegenden zu erkunden.

Herstellung und Verlag:

BoD – Books on Demand, Norderstedt

ISBN: 9783751973625

1. Auflage

Kontakt: Psiana eCom UG/ Berumer Str. 44/ 26844 Jemgum

Covergestaltung: Fenna Larsson

Coverfoto: depositphotos.com